주 의

- 이 책은 오랜 세월 동안 일본에 전해져 내려오는 여러 전설을 바탕으로 탄생한 요괴들을 소개하는 것이 목적이다.

- 랭킹 대결을 통해 각 주제에 맞는 랭킹 1위의 요괴들을 가린다.

- 요괴의 모습을 실감 나게 전달하기 위하여 생생하게 그려진 그림들이 공포스러울 수 있으므로 주의한다.

- 이 책에 등장하는 요괴들의 이름·특징·크기·출현 지역·능력 등의 다양한 자료는 저술가의 의견에 따라 표시하였다.

妖怪ランキング大辞典
YOKAI RANKING DAIJITEN supervised by Kazuhiko Komatsu, Yoshiyuki Iikura
Copyright ⓒ 2014 Kazuhiko Komatsu, Yoshiyuki Iikura
All rights reserved.
Original Japanese edition published by KANZEN Inc.
This Korean edition is published by arrangement with KANZEN Inc., Tokyo
in care of Tuttle-Mori Agency, Inc., Tokyo through Enters Korea Co., Ltd., Seoul.

이 책의 한국어판 저작권은 (주)엔터스코리아를 통해 저작권자와 독점 계약한 (주)글송이에 있습니다.
저작권법에 의하여 한국 내에서 보호를 받는 저작물이므로 무단전재와 무단복제를 금합니다.

2025년 1월 20일 초판 5쇄 펴냄

감수 · 코마츠 카즈히코, 이이쿠라 요시유키
옮김 · 이진원

펴낸이 · 이성호
펴낸곳 · (주)글송이

편집 · 한수정, 이여주
마케팅 · 이성갑, 윤정명, 이현정, 문현곤, 이동준
경영지원 · 최진수, 이인석, 진승현

출판 등록 · 2012년 8월 8일 제 2012-000169호
주소 · 서울시 서초구 능안말 1길 1(내곡동)
전화 · 578-1560~1 **팩스** · 578-1562
홈페이지 · www.gsibook.com

ISBN 979-11-7018-430-0 74900
　　　　979-11-7018-425-6 (세트)

*이 도서의 국립중앙도서관 출판예정도서목록(CIP)은 서지정보유통지원시스템 홈페이지(http://seoji.nl.go.kr)와
　국가자료종합목록시스템(http://www.nl.go.kr/kolisnet)에서 이용하실 수 있습니다.(CIP 제어번호 : CIP2018041789)
*잘못 만들어진 책은 바꾸어 드립니다.

제1장 오싹오싹 요괴 호기심

요괴란 무엇일까? 6	요괴는 어떤 능력이 있을까? 10
요괴는 어떤 모습일까? 7	요괴는 어디에서 살까? 11
무엇이 요괴가 될까? 8	이 책의 본문 구성 12

제2장 슈퍼 요괴 랭킹

거대 요괴 랭킹 14	개성 만점 요괴 랭킹 104
오싹오싹 요괴 상식 25	주름 요괴 랭킹 110
길쭉길쭉 요괴 랭킹 26	데굴데굴 요괴 랭킹 116
고양이 요괴 랭킹 32	합체 요괴 랭킹 122
개 요괴 랭킹 38	신성 요괴 랭킹 128
여우 요괴 랭킹 44	소리 요괴 랭킹 134
뱀 요괴 랭킹 50	오싹오싹 요괴 상식 145
도깨비 요괴 랭킹 56	집 요괴 랭킹 146
귀녀 요괴 랭킹 62	말썽쟁이 요괴 랭킹 152
유령 요괴 랭킹 68	잔소리꾼 요괴 랭킹 158
동자 요괴 랭킹 74	사나운 요괴 랭킹 164
미녀 요괴 랭킹 80	공포 요괴 랭킹 170
깜찍이 요괴 랭킹 86	오싹오싹 요괴 상식 176
비호감 요괴 랭킹 92	
오싹오싹 요괴 상식 103	

제3장 신기한 요괴 세상

재밌는 요괴 Q & A 178	요괴 색인 183

제1장
오싹오싹 요괴 호기심

요괴란 무엇인지, 어떤 모습인지, 어디에 사는지,
왜 요괴가 되었는지 등 신기하고도 오싹한
요괴 호기심을 풀어 보자.

요괴란 무엇일까?

요괴란 무엇일까? 신이나 유령과는 다른 존재일까?
모두 나쁜 짓만 하는 요괴만 있는 걸까?
지금부터 미스터리한 요괴들의 정체를 알려 줄게.

오싹오싹 요괴 호기심

기이한 현상이나 전설에서 탄생!

원래는 세상에 일어나는 기이한 현상이나 전설 속 괴물을 모두 '요괴'라고 불렀다. 하지만 세월이 흐르고 시대가 변하면서 유령과 신을 제외한 나머지를 '요괴'라고 부르게 되었다.

요괴의 넓은 의미
신, 유령, 도깨비 등

요괴의 좁은 의미
설녀, 갓파, 팥 씻기 등

좋은 요괴, 나쁜 요괴!

요괴 중에는 사람에게 해를 끼치는 나쁜 요괴도 있지만, 사람과 잘 지내는 좋은 요괴도 있다. 이때, 겉모습이 무섭다고 다 나쁜 요괴는 아니다. 반대로 착해 보이지만 알고 보면 나쁜 요괴도 있다.

선 소원을 빌면 답을 해 주는 착한 요괴가 있는데, 그중에는 '설녀'처럼 사람과 결혼한 요괴도 있다.

악 자신의 능력을 이용해서 사람에게 장난을 치거나, 잡아먹는 위험한 요괴이다.

요괴는 어떤 모습일까?

요괴의 모습은 일정하지 않고 모두 제각각이야. 사람을 닮은 요괴, 동물을 닮은 요괴, 기이한 형태의 요괴가 있지. 이 3가지 유형의 특징을 소개할게.

 **김새는 3가지 유형!**

인간 타입

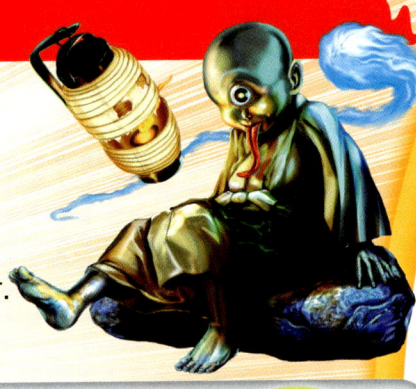

전체적인 모습은 사람과 유사한 유형이다. 하지만 1개의 눈, 끝도 없이 긴 손발 등 몸의 일부가 보통 사람과 다른 경우가 많다. 거인이나 난쟁이가 이 유형에 속한다.

체크 포인트

1개의 눈 | 크기의 변화 | 사람 공격

동물 타입

동물을 꼭 닮은 유형으로 부분적으로 형태가 변하기도 한다. 겉모습에는 이상한 점이 없어도 사람의 말을 하거나 두 발로 걷는 등 기이한 행동을 한다.

체크 포인트

사람의 말 | 신기한 요술 | 둔갑술

이형 타입

사물에 손과 발 혹은 얼굴이 달려 있거나 형체는 보이지 않고, 소리만 들리는 등 사람도 동물도 아닌 기이한 형태의 요괴가 많다. 이상한 생김새만큼 특이한 능력을 가졌다.

체크 포인트

사물에 달린 손과 발 | 확실하지 않은 모습

오싹오싹 요괴 호기심

무엇이 요괴가 될까?

오싹오싹 무서운 요괴들은 왜 요괴가 되었고, 어떻게 요괴가 되었을까? 그 비밀을 말해 줄게. 단, 무엇이든 요괴가 될 수 있다는 걸 명심해.

신 비 & 공포

옛날 사람들은 원인을 알 수 없는 신기하고 무서운 현상이 일어날 때마다 요괴의 짓이라고 생각했다. 따라서 요괴들 중에는 이런 현상으로 인하여 생겨난 요괴들이 꽤 많다.

후루소마 136쪽
누리카베 155쪽

신 적인 존재 & 정령

'팔백만의 신'이라고 하여 일본에서는 강 또는 산 등 자연에 수많은 신과 정령이 살고 있다고 믿었다. 이런 존재들이 처음에는 평범했지만, 오랜 시간이 흐른 뒤 요괴가 되기도 했다.

다이다라봇치 15쪽
갓파 91쪽

 ## 은 원한 & 악당

깊은 원한을 품은 채 죽어
요괴가 되거나 원한이
너무 강해 살아 있는 채로
요괴가 되기도 한다. 또한
옛날이야기나 전설 속 악당이
요괴가 되는 경우도 있다.

슈텐도지 58쪽
하시히메 65쪽

오 랜 세월 & 오랜 소유

일본에서는 옛날부터 오랜 세월
산 동물이나 오랜 세월 소중히 다룬
도구에는 '신 또는 특별한 혼'이
깃들어 요괴가 된다고
믿었다.

네코마타 36쪽
우산 요괴 106쪽

오싹오싹 요괴 호기심

 ## 국 & 인도

일본과 문화 교류가 활발하던 중국이나
인도에서 온 요괴도 있다.

구미호 45쪽
카리테이모 64쪽

 ## 상한 소문

학교 괴담에서 퍼져 나간 괴상한 소문이
요괴를 탄생시키기도 한다.

화장실의 하나코 76쪽
입 찢어진 여자 171쪽

요괴는 어떤 능력이 있을까?

모든 요괴들은 평범한 사람에게 없는 요괴만의 특별한 능력을 가지고 있어. 요괴들이 가지고 있는 다양한 능력들이 무엇인지 알려 줄게.

괴력
누군가 말도 안 되는 괴력을 지니고 있다면 분명 요괴일 것이다. 가장 대표적인 요괴의 능력이다.

요술
날씨를 조종하거나 입김으로 사람을 얼리는 등 요괴가 부리는 신기한 요술은 아무도 흉내 낼 수 없다.

변신
요괴는 사람이나 사물로 변신할 수 있는 능력이 있다. 특히 여우나 너구리는 변신 능력이 뛰어나다.

빙의
사람의 몸에 들러붙어 마음대로 조종하는 능력이다. 요괴에게 홀리면 완전히 다른 사람처럼 행동한다.

요괴는 어디에서 살까?

요괴들은 생각보다 사람들과 가까운 곳에 살고 있어. 깊은 숲속이나 거친 바다부터 사람이 살고 있는 마을과 집까지 요괴가 사는 곳을 알려 줄게.

산과 숲

나무들이 빼곡히 서 있는 산과 숲은 낮에도 어두운 곳이 많다. 그런 곳에는 요괴들이 많이 살고 있다.

오니 57쪽
텐구 167쪽

마을과 집

요괴는 사람에게 흥미를 느끼기 때문에 사람 주변에는 꼭 나타난다.
특히 밤에 잘 나타난다.

놋베라보우 105쪽
베개 돌려놓기 147쪽

바다 또는 강

바닥이 보이지 않는 깊은 강이나 갑자기 날씨가 나빠지는 바다에도 요괴가 숨어 있다.

우미보우즈 19쪽
유령선 69쪽

오싹오싹 요괴 호기심

이 책의 본문 구성

오싹오싹 요괴 호기심

❶ **순위:** 랭킹의 종류와 순위를 나타낸다.

❷ **이름:** 요괴의 이름을 소개한다.

❸ **출몰 장소:** 요괴가 자주 나타나는 장소를 나타낸다.

- 🟢 ▶ 산
- 🔵 ▶ 물
- 🟤 ▶ 마을
- 🔴 ▶ 집

❹ **요괴 일러스트:** 요괴의 모습을 소개한다.

❺ **핵심 포인트:** 요괴의 가장 큰 특징을 소개한다.

❻ **요괴 유형:** 외모로 요괴를 분류하였다. 각각의 유형에 관한 자세한 설명은 7페이지에서 소개한다.

- 인간 타입: 사람을 닮은 요괴
- 동물 타입: 동물을 닮은 요괴
- 이형 타입: 기이한 형태의 요괴

❼ **능력치:** 요괴의 능력을 파워, 요력, 괴기, 위험, 인기 등 5가지로 구분하여 평가했다.

파워: 힘이 센 요괴일수록 파워 수치가 높다.
요력: 신기한 능력을 사용하는 요괴일수록 수치가 높다.
괴기: 성격, 특징, 외모가 기이할수록 수치가 높다.
위험: 사람에게 위험할수록 수치가 높다.
인기: 인기가 있거나 많이 알려져 있는 요괴일수록 수치가 높다.

❽ **특징:** 요괴에 관하여 간단히 설명한다.

❾ **출현 지역:** 요괴의 전설이 전해져 내려오거나 출현했다는 소문이 있는 지역을 나타낸다.

제 2장 슈퍼 요괴 랭킹

크기, 길이, 공포, 비호감, 합체, 말썽쟁이 등
오싹오싹하고 흥미진진한 주제에 따라
진정한 랭킹 1위의 요괴들을 가린다.

거대 요괴들의 오싹한 대결!
거대 요괴 랭킹

몸집이 거대한 요괴들이 모두 모였다.
거대 요괴들의 오싹한 대결이 시작된다!

1위 다이다라봇치
거대 요괴

산

큰 산도 한걸음에 넘다!

거인 요괴! 산과 호수를 만든

거대 요괴 랭킹 1위

대표작은 후지산
엄청난 힘으로 후지산을 만들었다. 산을 만들기 위해 흙을 파낸 자리는 호수가 되었다.

인간 타입

능력치
- 파워 5
- 요력 2
- 괴기 3
- 위험 1
- 인기 4

특 징
엄청나게 큰 거인 요괴이다. '발자국이 연못이 되었다.'는 전설이 일본 전국 각지에서 전해져 내려올 만큼 신에 가까운 요괴이다. 산도 들어 올린다고 한다.

출현 지역 홋카이도·오키나와를 제외한 지역

2위 테나가아시나가

거대 요괴

산

남매 또는 부부 요괴
테나가와 아시나가는 남매 또는 부부라는 설이 있는데, 지역마다 다르게 전해진다.

거대 요괴 랭킹 2위

무시무시한 요괴 커플!

두 요괴의 집합체!

인간 타입

능력치
- 파워 3
- 요력 2
- 괴기 3
- 위험 4
- 인기 3

특 징
긴 팔의 '테나가'와 긴 다리의 '아시나가'는 산에 사는 2인조 요괴이다. 조개를 찾아 먹기도 하지만, 배나 사람을 습격한다는 무서운 전설이 전해진다.

출현 지역 도호쿠·주부·규슈

3위 산메야즈라

거대 요괴

산

8개의 얼굴!

공포의 거대 괴물! 사람을 잡아먹는

거대 요괴 랭킹 3위

동물 타입

산을 불로 태워 퇴치

산에 살며 지나가는 사람을 잡아먹는다. 산을 통째로 불로 태워 퇴치하였다.

능력치
- 파워 4
- 요력 2
- 괴기 4
- 위험 4
- 인기 2

특 징

뱀처럼 생긴 몸에 8개의 머리가 달려 있는 요괴이다. 몸은 마을 하나를 덮을 만큼 거대하기 때문에 한번 잡힌 사람은 도망가지 못하고 먹히고 만다.

출현 지역 고치

17

4위 대왕 지네

거대 요괴

산

거대 지네
몸길이가 수백 미터인 거대 지네이다. 용궁의 용왕을 괴롭혔다고 전해진다.

거대한 산을 빙그르르 휘감다!

거대 요괴 랭킹 4위

산을 휘감을 만큼 거대하다!

동물 타입

능력치
- 파워 5
- 인기 3
- 요력 2
- 위험 4
- 괴기 2

특 징
몸 표면은 쇠처럼 단단하다. 활의 명인으로 불리는 다와라노토타가 대왕 지네가 싫어하는 '인간의 침'을 활에 묻혀 쓰러뜨렸다고 전해진다.

출현 지역 시가

5위 우미보우즈

거대 요괴 / 물

몸집이 클수록 위험하다!

배를 침몰시키는 바다의 검은 그림자!

거대 요괴 랭킹 5위

최대 30m
사람만 한 크기부터 30m의 거구까지, 크기는 매우 다양하다. 사람으로 변신하기도 한다.

인간 타입

능력치
- 파워 2
- 요력 4
- 괴기 3
- 위험 4
- 인기 3

특 징
갑자기 바다 위로 모습을 드러내며 강한 바람과 높은 파도를 일으켜 배를 침몰시킨다. 모습과 능력은 지역마다 조금씩 다르다.

출현 지역: 홋카이도·규슈·오키나와를 제외한 지역

6위 까까머리 거인

거대 요괴

산

산만큼이나 거대하다!

거대한 몸으로 사람을 위협하다!

거대 요괴 랭킹 6위

거인 요괴
거대한 몸으로 사람을 놀라게 한다. 이 모습을 본 사람은 병에 걸리거나 목숨을 잃기도 한다.

인간 타입

특 징
보통은 까까머리 거인의 모습을 하고 있지만, 검은 그림자로 나타나기도 한다. 키가 가장 큰 것은 산 정상에 닿을 만큼이나 크다.

능력치
- 파워 1
- 요력 2
- 괴기 2
- 위험 2
- 인기 4

출현 지역 오키나와를 제외한 지역

7위 한자키

거대 요괴 / 물

가축과 사람을 잡아먹다!

무시무시한 거대 도롱뇽!

거대 요괴 랭킹 7위

끈질긴 생명력
절반으로 잘려도 살아남을 만큼 생명력이 강하다. 사람뿐 아니라 가축까지도 잡아먹는다.

동물 타입

능력치
- 파워 3
- 요력 2
- 괴기 3
- 위험 3
- 인기 2

특징
소나 말 같은 가축뿐 아니라 사람까지 잡아먹기 때문에 퇴치되었다. 그 후 마을 사람들에게 재앙이 찾아왔지만, 신에게 빌어 간신히 안정되었다.

출현 지역: 돗토리 · 오카야마 · 히로시마

8위 미코시뉴도

거대 요괴 · 마을

거인 승려 요괴

승려의 모습을 한 거인 요괴이다. 주로 한밤중에 혼자 삼거리, 갈림길, 언덕길 등을 걷고 있을 때 나타난다고 알려졌다.

올려다보면 커지는 위험한 요괴!

눈 깜짝할 사이에 커지다!

거대 요괴 랭킹 8위

인간 타입

능력치

- 파워 1
- 요력 3
- 괴기 3
- 위험 4
- 인기 4

특징

올려다보면 점점 커지는 요괴이다. 보고 있으면 목을 물어 목숨을 빼앗지만 "미코시뉴도 예측하다."라고 말하면 살려 준다고 한다.

출현 지역 홋카이도·오키나와를 제외한 지역

9위 땅거미

거대 요괴 / 산

다양한 모습으로 변신하는 공포의 거대 거미!

다양한 크기
1m에서 가장 큰 것은 약 6m로 크기가 매우 다양하다. 강력한 힘을 자랑한다.

거대 요괴 랭킹 9위

동물 타입

오니를 닮은 무서운 얼굴!

능력치
- 파워 5
- 요력 4
- 괴기 4
- 위험 4
- 인기 4

특 징
깊은 산속 동굴에 사는 요괴이다. 다양한 모습으로 변신하는 능력과 사람을 병들게 하는 능력을 가졌다. 힘이 매우 세며, 사람을 잡아먹기도 한다.

출현 지역 교토·나라

10위 긴 얼굴 요녀

거대 요괴 / 마을

3m나 되는 얼굴!

상상할 수 없을 만큼 기다란 얼굴!

거대 요괴 랭킹 10위

방심은 금물
사람이라고 생각해서 집으로 따라가면 얼굴이 갑자기 커지기 때문에 조심해야 한다.

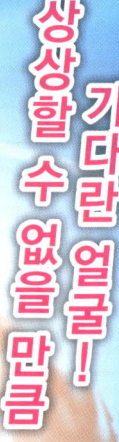

인간 타입

능력치
- 파워 1
- 요력 2
- 괴기 4
- 위험 1
- 인기 1

특 징
얼굴이 3m나 되는 거대한 요괴이다. 밤에 등을 들고 걸어가는 여자를 따라 집으로 들어가면 갑자기 커진 얼굴 때문에 놀라게 될 것이다.

출현 지역 이시카와

오싹오싹 요괴 상식

요고를 찾아내는 방법

늦은 밤, 산속에서 줄지어 많은 불꽃들이 나타날 때가 있다. 이것은 사람을 속이는 여우의 짓으로, '여우의 시집가기'라고 한다. 이때 불꽃이 있던 장소에 가 보면 아무것도 보이지 않지만, '여우의 창'이라는 손가락 모양 틈으로 보면 여우의 결혼식 행렬이 보인다고 한다. 여우의 창 만드는 법은 아래 그림으로 소개한다.

여우의 창

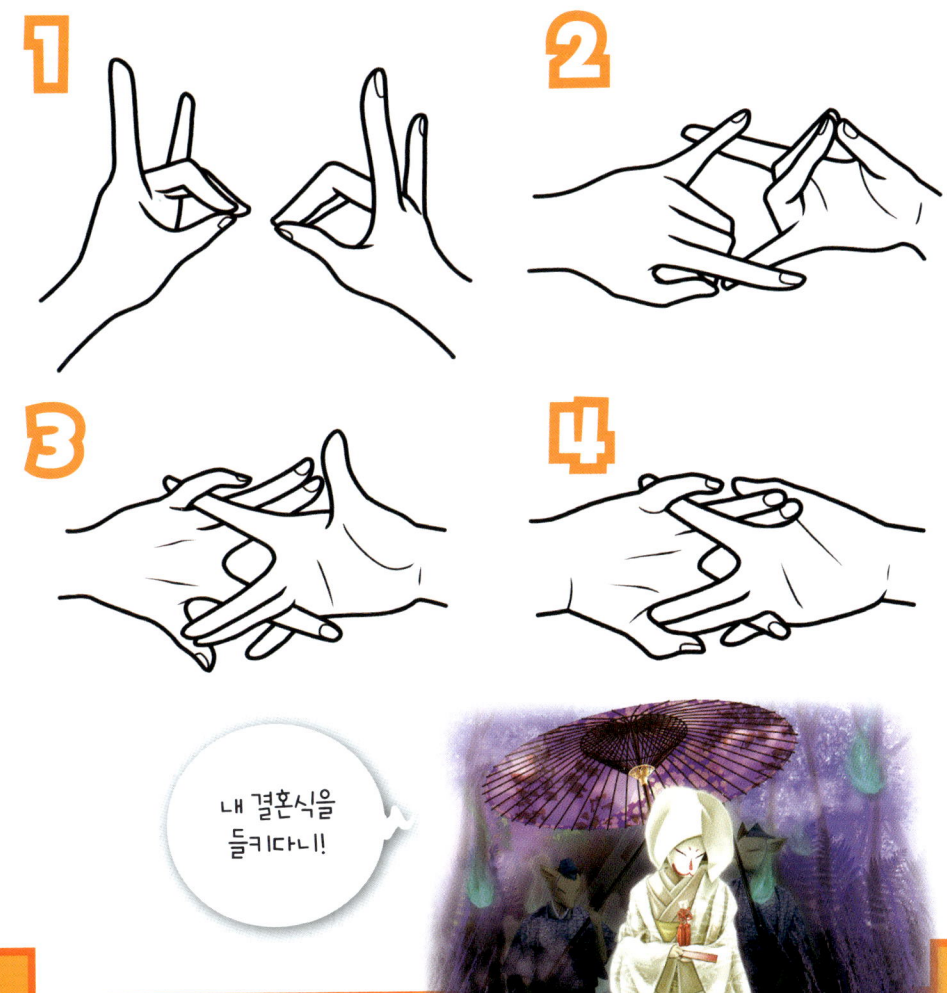

내 결혼식을 들키다니!

길쭉길쭉 요괴 랭킹

끝도 없이 길게 늘어나다!

보이지 않을 만큼 몸이 길게 늘어나는 기괴한 요괴들을 만나 보자.

1위 이쿠치

길쭉길쭉 요괴

물

장어처럼 가늘고 길다!

지나가는 데 2~3일
엄청나게 몸이 길어 배 위를 넘어 지나가는 데 2~3일이나 걸린다고 한다.

끝이 보이지 않는 기다란 몸!

길쭉길쭉 요괴 랭킹 1위

동물 타입

능력치
- 파워 3
- 인기 2
- 요력 2
- 위험 4
- 괴기 3

특징
긴 몸을 가진 바다 요괴이다. 배 위를 넘어 지나가면서 끈적끈적한 기름을 흘리는데, 그 기름의 무게 때문에 결국 배가 가라앉고 만다.

출현 지역: 이바라키 · 긴키 · 규슈

2위 용신

길쭉길쭉 요괴

물

머리부터 꼬리까지 긴 몸!

비와 번개를 부르는 신기한 능력!

길쭉길쭉 요괴 랭킹 2위

물의 신
몸은 뱀처럼 구불거린다. 비와 번개를 부르는 능력을 가진 '물의 신'이다.

동물 타입

능력치
- 파워 4
- 요력 5
- 괴기 3
- 위험 5
- 인기 5

특징
호수나 연못에 사는 '물의 신'이다. 물이 부족한 마을에는 비를 내리게 해 도움이 되기도 한다. 하지만 화가 나면 홍수를 일으키는 등 제멋대로 행동한다.

출현 지역 전국 각지

3위 잇탄모멘

길쭉길쭉 요괴

마을

기다란 천의 모습!

목 조르기 공격
펄럭이며 날아와 갑자기 사람의 목을 조르거나, 얼굴을 감싸는 등 잔인한 행동을 한다.

사람의 목을 조르다! 공중을 날아다니며

길쭉길쭉 요괴 랭킹 3위

이형 타입

능력치

- 파워 2
- 요력 1
- 괴기 2
- 위험 4
- 인기 4

특 징
하얗고 긴 천으로 된 요괴이다. 긴 몸으로 사람의 목을 조르는데, 주로 밤에 모습을 드러낸다. '잇탄'은 일본어로 천의 길이를 나타내는 단위이다.

출현 지역 가고시마

 # 힛코미카무로
길쭉길쭉 요괴

집

사라진 발
기모노 자락이 키보다 길게 늘어져 있다. 그렇다면 발은 어디에 있는 걸까?

발이 없는 소녀 요괴! 무시무시한

길쭉길쭉 요괴 랭킹 5위

소녀의 모습으로 위장하다!

인간 타입

능력치
- 파워 1
- 요력 1
- 괴기 2
- 위험 1
- 인기 1

특 징
귀여운 소녀의 모습을 하고 있는 요괴이다. 얼굴은 무척 귀엽지만, 길게 늘어져 있는 기모노 자락 아래의 발은 아무도 본 사람이 없다.

출현 지역 도쿄

바케네코

집

머리에 수건을 두르다!

밤에 춤을 추며 나타나는 고양이 요괴!

고양이 요괴 랭킹 1위

일반 고양이와 다른 점
바케네코는 등잔불의 기름을 핥는 경우가 많아서 일반 고양이와 구분할 수 있다.

동물 타입

능력치
- 파워 4
- 요력 3
- 괴기 2
- 위험 3
- 인기 5

특 징
나이가 많은 고양이나 사람에게 죽음을 당한 고양이가 요괴가 되었다고 한다. 수건을 쓰고 춤을 추기도 하지만, 사람을 골탕 먹이거나 잡아먹는 요괴이다.

출현 지역 홋카이도를 제외한 지역

2위 고토쿠네코

고양이 요괴

집

삼발이를 머리에 쓰다!

고양이 요괴 랭킹 2위

대나무를 입에 대고 불을 붙이다!

불을 붙이는 고양이
대나무를 입에 대고 힘껏 불어 화로에 불을 붙이는 요괴이다. 2개의 꼬리를 가졌다.

동물 타입

파워 1
인기 1
요력 2
위험 1
괴기 2

특 징
주전자, 냄비 등을 올려놓고 음식물을 끓이는 데 쓰이는 삼발이를 머리에 쓴 고양이 요괴이다. 에도 시대에 그려진 요괴 화보 속에도 등장한다.

출현 지역 알려지지 않음

3위 오오네코
고양이 요괴

산

거대한 두 갈래 꼬리!

산속에 숨어 사는 호랑이 같은 사냥꾼!

고양이 요괴 랭킹 3위

거대한 몸
오오네코의 크기는 약 1m이다. 고양이보다 작은 호랑이에 더 가깝다.

동물 타입

능력치
- 파워 4
- 요력 1
- 괴기 2
- 위험 4
- 인기 3

특 징
에도 시대 수필집에 소개된 거대한 고양이 요괴이다. 깊은 산속에 살며, 개나 너구리와 같은 짐승을 잡아먹는다. 사람을 공격하기도 한다.

출현 지역 도쿄·미에

35

4위 네코마타
고양이 요괴

집

사람으로 둔갑하는 공포의 고양이 요괴!

사람의 말을 하다!

고양이 요괴 랭킹 4위

사람으로 둔갑
사람만 한 크기의 네코마타는 사람처럼 두 발로 걷거나, 사람으로 둔갑한다.

동물 타입

능력치
- 파워 4
- 요력 3
- 괴기 2
- 위험 3
- 인기 5

특 징
나이를 먹은 고양이가 요괴가 된 것으로, 몸의 크기는 사람과 비슷하다. 사람의 모습으로 둔갑하여 사람을 속이거나 납치해 잡아먹는다.

출현 지역 홋카이도를 제외한 지역

5위 화차

고양이 요괴

마을

불꽃에 휩싸인 몸!

고양이 요괴 랭킹 5위

시체를 빼앗다! 관 뚜껑을 열어

이형 타입

무시무시한 요괴
화차의 모습만 보고도 죽었다는 사람이 있을 만큼 무시무시한 요괴이다.

능력치
- 파워 2
- 요력 2
- 괴기 4
- 위험 4
- 인기 3

특 징
나쁜 짓을 많이 한 사람이 죽으면 화차가 나타나 시체를 빼앗아 간다고 한다. 다양한 모습으로 목격되지만, 정체는 네코마타라는 설이 유력하다.

출현 지역 홋카이도·오키나와를 제외한 지역

개 요괴의 섬뜩한 반전!

개 요괴 랭킹

죽은 개의 원한에서 태어난 요괴부터 사람의 목숨을 노리는 요괴까지! 친근할 것 같은 개 요괴의 섬뜩한 반전이 공개된다.

1위 고마이누

개 요괴

마을

2마리가 한 쌍!

신들을 지키는 2마리의 수호 동물!

개 요괴 랭킹 1위

서로 다른 이름
입을 닫고 있는 요괴를 '운교', 벌리고 있는 요괴를 '아교'라고 부른다.

이형 타입

능력치
- 파워 4
- 요력 3
- 괴기 2
- 위험 1
- 인기 5

특 징
신이나 신사 등을 지키는 수호 동물이다. 반드시 2마리가 한 쌍을 이룬다. 이름에 '개'라는 의미가 포함되어 있지만 사실 사자에 더 가깝다.

출현 지역 오키나와를 제외한 지역

2위 견신

개 요괴

집

사람에게 달라붙어 병들게 하다!

개의 원한
죽은 개의 원한에서 태어났다. 사람에게 달라붙어 열병을 앓게 한다.

개 요괴 랭킹 2위

개의 얼굴을 하다!

동물 타입

능력치
- 파워 2
- 요력 4
- 괴기 1
- 위험 3
- 인기 4

특 징
사람에게 달라붙는 개의 혼령이다. 한번 달라붙으면 개처럼 짖거나 열병에 걸린다. 또한 그 사람의 몸에는 개의 이빨 자국이 남는다고 한다.

출현 지역 주고쿠·시코쿠·규슈

3위 오쿠리이누

개 요괴 / 산

개 또는 늑대의 모습

목숨을 엿보다! 사람의 뒤를 따라다니며

개 요괴 랭킹 3위

넘어진 사람을 공격
넘어진 사람을 공격하기 때문에 혹시 넘어진다면 쉬고 있는 척을 하는 게 안전하다.

동물 타입

능력치
- 파워 2
- 요력 1
- 괴기 1
- 위험 3
- 인기 4

특 징
밤길을 걷는 사람의 뒤를 따라가다 그 사람이 넘어지면 덮쳐서 잡아먹는다. "수고하네요."라고 말하며 소금을 주면 살려 준다고 한다.

출현 지역 홋카이도·오키나와를 제외한 지역

4위 인면견

개 요괴 · 마을

얼굴은 사람, 몸은 개!

아저씨의 얼굴을 한 개 요괴!

개 요괴 랭킹 4위

이상한 혼잣말
"뭐야?", "시끄러워!", "날 내버려 둬!" 등의 이상한 혼잣말을 하는 게 특징이다.

동물 타입

능력치
- 파워 1
- 요력 1
- 괴기 5
- 위험 3
- 인기 5

특징
사람의 얼굴에 개의 몸을 하고 있는 요괴이다. 얼굴은 아저씨처럼 생겼으며, 특히 아이를 만나면 "날 내버려 둬!" 하고 투덜거린다.

출현 지역 전국 각지

5위 정강이 스침이

개 요괴 / 산

다리 사이
걷고 있는 사람의 다리 사이를 스쳐 지나간다. 이 요괴는 다른 나쁜 행동은 하지 않는다.

겉모습은 완벽한 개!

비 오는 장난꾸러기 개! 밤에 나타나는

개 요괴 랭킹 5위

동물 타입

능력치
- 파워 1
- 요력 1
- 괴기 2
- 위험 2
- 인기 1

특징
개의 모습을 한 요괴이다. 비가 내리는 밤에 지나가는 사람의 다리 사이를 스쳐 지나간다. 정강이를 스치는 느낌이 들거나 걷기 힘들어지기도 한다.

출현 지역 오카야마

사람으로 변신하는 것이 특기!
여우 요괴 랭킹

사람으로 변신하는 동물로 잘 알려진 여우!
여우 요괴의 일인자는 누구일까?

1위 구미호

여우 요괴

꼬리가 9개!

여우 요괴! 최강의 요력을 가진

집

여우 요괴 랭킹 1위

금색 털
다양한 외모를 가졌다고 알려졌지만, 그중 금색 털을 가졌다는 설이 가장 유력하다.

동물 타입

능력치
- 파워 2
- 요력 5
- 괴기 2
- 위험 5
- 인기 5

특 징
아름다운 여자로 변신해 남자들을 홀려서 자기 마음대로 조종한다. 죽은 뒤에는 독기를 뿜어내는 바위가 되었다고 전해진다.

출현 지역 교토·도치기

45

3위 센타쿠기츠네

여우 요괴 | 마을

3개의 꼬리!

밤마다 빨래하는 여우! 강가로 나와

여우 요괴 랭킹 3위

빨래하는 여우

4개의 다리를 이용해 빨래를 한다. 도대체 누구의 옷을 빨고 있는 걸까?

동물 타입

능력치
- 파워 1
- 요력 1
- 괴기 2
- 위험 1
- 인기 3

특 징
시즈오카현에 흐르는 히라가마강에 나타난다. 밤이 되면 강가에서 빨래만 할 뿐 사람에게 해를 끼치지 않는다. 하지만 옷이 깨끗해졌는지는 확실하지 않다.

출현 지역 시즈오카

47

4위 여우의 시집가기

여우 요괴 · 마을

새하얀 결혼 의상!

여우의 요력이 만들어 낸 불꽃 행렬!

여우 요괴 랭킹 4위

신비한 불꽃
결혼 행렬에 사용되는 초롱불처럼 많은 불꽃들이 줄지어 나타난다.

동물 타입

능력치
- 파워 1
- 요력 1
- 괴기 2
- 위험 2
- 인기 4

특 징
한밤중 산속에서 행렬을 이루며 줄지어 나타나는 불꽃의 정체는 사람으로 변신한 여우의 짓이다. 불꽃이 있던 장소에 가 보면 아무것도 보이지 않는다.

출현 지역 오키나와를 제외한 지역

5위 도깨비불

여우 요괴 | 마을

> 수상한 불꽃을 내뿜다!

공포의 불꽃! 사람을 홀리는

여우 요괴 랭킹 5위

여우불
여우가 꼬리를 크게 흔들거나 입김을 불면 불꽃이 일어나기 때문에 '여우불'이라고도 한다.

이형 타입

능력치
- 파워 1
- 요력 2
- 괴기 2
- 위험 3
- 인기 3

특 징
여우가 꼬리를 흔들거나 입김을 불어 만드는 기이한 불덩어리이다. 아무것도 없는 장소에 갑자기 불꽃이 나타났다가 사라지면서 사람들이 길을 잃게 만든다.

출현 지역 오키나와를 제외한 지역

공포의 뱀 요괴 대결!
뱀 요괴 랭킹

사람을 잡아먹거나 태워 죽이는 뱀 요괴 중에는
특히 위험한 요괴가 많으니 주의가 필요하다!

1위 야마타노오로치

뱀 요괴 / 마을

사람을 잡아먹는 커다란 입!

일본 신화 최강 괴물! 머리와 꼬리가 8개!

뱀 요괴 랭킹 1위

이형 타입

거대한 꼬리
8개의 꼬리는 단순히 수가 많은 것뿐 아니라, 8개의 산과 계곡에 걸쳐질 정도로 길다.

능력치
- 파워 5
- 요력 3
- 괴기 4
- 위험 5
- 인기 5

특 징
1년에 1번, 이즈모로 와서 그 마을에 사는 노부부의 딸을 잡아먹는 큰 뱀이다. 매우 강했지만, 일본의 신, 스사노오노미코토에게 퇴치되었다.

출현 지역 시마네(이즈모)

2위 키요히메

뱀 요괴 · 집

머리는 사람의 모습!

여자 뱀! 잔뜩 화가 나 있는

뱀 요괴 랭킹 2위

뱀으로 변신
사람이었던 키요히메가 좋아하는 사람을 쫓아가다 몸이 길어져 뱀이 되었다고 한다.

동물 타입

능력치
- 파워 3
- 요력 5
- 괴기 4
- 위험 5
- 인기 4

특 징
다시 만나자는 약속을 깬 승려를 뒤쫓던 키요히메가 큰 뱀으로 변신한 모습이다. 승려가 숨어 있던 종을 휘감은 뒤, 분노의 불꽃으로 태워 죽였다고 한다.

출현 지역 와카야마(히다카가와)

3위 사키소마엡

뱀 요괴

냄새로 존재를 과시하다!

강력한 냄새를 뿜다! 독이 들어 있는

산

뱀 요괴 랭킹 3위

베일에 싸인 몸
몸의 모습은 보이지 않아 정확히 알 수 없다. 비슷한 요괴로 호야우카무이가 있다.

동물 타입

능력치
- 파워 2
- 요력 4
- 괴기 2
- 위험 3
- 인기 1

특 징
아이누 민족에게 전해지는 오래된 뱀이다. 지독한 냄새는 사람의 피부를 부풀어 오르게 하는데, 이 부기는 신에게 빌어야만 없어질 만큼 강력하다.

출현 지역 홋카이도

53

4위 이무기

뱀 요괴

산

변신하는 뱀도 있다!

사람을 먹어 치우다! 눈 깜짝할 사이에

뱀 요괴 랭킹 4위

거대 구렁이
대부분의 이무기는 구렁이와 같은 뱀이 거대화된 모습을 하고 있다.

동물 타입

능력치
- 파워 4
- 요력 4
- 괴기 3
- 위험 4
- 인기 4

특 징
주로 산속 연못이나 호수 등의 물가에서 산다. 사람에게 해를 끼치기도 하지만, 날씨를 다룰 수 있어서 산이나 물의 신으로 추앙받기도 했다.

출현 지역 전국 각지

사라헤비

물

기괴한 뱀 여인!

무시무시한 요괴! 몸은 뱀, 머리는 사람인

뱀 요괴 랭킹 5위

황금색의 몸
오래된 그림에서는 몸이 황금색으로 표현되었다. 피부 또한 황금색일 수 있다는 추측이 나왔다.

동물 타입

능력치
- 파워 1
- 요력 2
- 괴기 4
- 위험 2
- 인기 1

특 징
몸은 뱀이고, 머리는 여자 얼굴을 한 요괴이다. 사람에게 해를 가하는 누레온나라는 설이 있으므로 방심은 절대 금물이다.

출현 지역 알려지지 않음

1위 오니

도깨비 요괴 / 산

쇠몽둥이를 든 폭군!

산과 지옥에서 사람을 덮치다!

도깨비 요괴 랭킹 1위

인간 타입

능력치
- 파워 4
- 요력 3
- 괴기 3
- 위험 4
- 인기 5

불과 호피 무늬 팬티
대부분 체격이 좋으며, 뾰족한 뿔과 거대한 송곳니가 특징이다. 호피 무늬 팬티도 유명하다.

특 징
뾰족한 뿔과 송곳니, 울퉁불퉁한 근육의 단단한 몸을 가졌다. 쇠몽둥이를 들고 날뛰거나 사람을 잡아먹는 무서운 요괴이다.

출현 지역 홋카이도를 제외한 지역

2위 슈텐도지

도깨비 요괴 / 마을

술을 좋아하는 술고래!

교토를 지배하는 꽃미남 요괴!

도깨비 요괴 랭킹 2위

요괴로 부활
뛰어난 외모에 반한 수많은 여자들이 그를 그리워하다 죽었고, 그 원한으로 요괴가 되었다.

인간 타입

능력치
- 파워 5
- 요력 4
- 괴기 3
- 위험 4
- 인기 4

특 징
교토를 지배한 요괴들의 대장이다. 사람을 납치하거나 잡아먹는 등의 나쁜 짓을 일삼다 '미나모토노요리미츠'라는 무사에게 목이 잘리고 말았다.

출현 지역 니가타·교토

3위 아마노자쿠

도깨비 요괴

마을

높은 지능
머리가 매우 좋은 요괴이다. 특히 말을 잘해서 사람을 쉽게 속일 수 있다.

꾀가 많고 장난을 좋아하는 작은 요괴!

도깨비 요괴 랭킹 3위

인간 타입

사람의 마음을 꿰뚫어 보다!

능력치
- 파워 1
- 요력 2
- 괴기 2
- 위험 2
- 인기 5

특 징
다른 사람의 말은 절대로 따르지 않고, 반대로 행동한다. 머리가 좋고, 사람의 마음을 꿰뚫어 보기 때문에 속이거나 놀리는 것을 잘한다.

출현 지역: 홋카이도·오키나와를 제외한 지역

4위 야행씨

도깨비 요괴

산

공포의 머리 없는 말!

외눈박이 요괴
목이 잘린 말을 타고 마을을 어슬렁거리는 외눈박이 요괴이다. 마주치지 않아야 한다.

머리가 없는 말을 타고 마을을 어슬렁어슬렁!

이형 타입

도깨비 요괴 랭킹 4위

능력치
- 파워 3
- 요력 2
- 괴기 4
- 위험 4
- 인기 4

특 징
요괴가 많이 나타나는 '백귀야행' 날이나 '섣달그믐' 날 등 정해진 날에 나타난다. 자신을 목격한 사람을 발로 세게 걷어차 죽이는 무서운 요괴이다.

출현 지역 시코쿠

5위 이바라키도지

도깨비 요괴

산

태어났을 때부터 강하다!

성질이 난폭하다!
팔의 힘이 강하고

도깨비 요괴 랭킹 5위

노파로 변신해 해코지
교토에 있는 '이치죠 모도리바시'라는 다리에 노파의 모습으로 나타나 사람들을 해코지한다.

인간 타입

능력치
- 파워 5
- 요력 3
- 괴기 3
- 위험 4
- 인기 4

특 징
태어나면서부터 힘이 강했는데, 어느 날 자신이 도깨비가 된 것을 깨달았다. 무사 와타나베노 츠나에게 팔이 잘린 것으로 유명하다.

출현 지역 니가타·교토·오사카·효고

귀녀 요괴 랭킹

귀녀 요괴의 소름 끼치는 정체!

사람을 저주해 죽이거나 잡아먹는 소름 끼치는 귀녀 요괴를 만나 보자.

1위 귀녀

귀녀 요괴

마을

공포스러운 얼굴
원한이 너무 강해 요괴가 되었다. 그 얼굴이 소름 끼칠 정도로 무서우니 주의해야 한다.

피맺힌 원한으로 변한 소름 끼치는 얼굴!

남자 요괴보다는 약하다!

인간 타입

귀녀 요괴 랭킹 1위

능력치
- 파워 3
- 요력 5
- 괴기 3
- 위험 5
- 인기 4

특 징
원래 평범한 사람이었지만, 피맺힌 원한 때문에 요괴가 되었다. 그 탓에 집념이 매우 강하고, 사람을 저주해 죽이는 힘을 가졌다.

출현 지역 홋카이도·오키나와를 제외한 지역

2위 카리테이모

귀녀 요괴 | 마을

아기를 돌보는 신이 된 악귀! 잘못을 뉘우치고

귀녀 요괴 랭킹 2위

여신과 같은 신비한 모습!

능력치
- 파워 3
- 요력 3
- 괴기 4
- 위험 4
- 인기 3

인간 타입

귀자모신
인도의 귀신이었지만, 불교와 함께 일본으로 건너와 '귀자모신'이라는 이름이 붙었다.

특 징
카리테이모가 사람의 아기를 잡아먹자, 석가모니는 그 죄로 그녀의 아기를 숨겼다. 아기를 잃은 슬픔을 알게 된 카리테이모는 선한 신이 되었다.

출현 지역 전국 각지

3위 하시히메

귀녀 요괴 / 마을

다리를 지키다!

무시무시한 귀녀! 다리에서 저주를 퍼붓는

귀녀 요괴 랭킹 3위

인간 타입

아름다운 여신
다리를 지키는 아름다운 여신이다. 하시히메는 특히 질투가 심하다고 알려졌다.

능력치
- 파워 1
- 인기 2
- 요력 5
- 위험 4
- 괴기 3

특 징
교토에서 살았던 아름다운 여인이 남자를 미워해서 귀녀가 되었다. 결국 그 남자에게 저주를 내려 죽게 만들었고, 지나가는 사람마저 습격했다고 전해진다.

출현 지역 전국 각지

4위 오사카베히메

귀녀 요괴 / 마을

3m나 되는 거인 요괴!

귀녀 요괴 랭킹 4위

토지신
히메지 성의 천수각에서 나오지 않는다. 성이 있는 히메지 산의 '토지신'이라는 설도 있다.

히메지 성 천수각을 지키는 귀녀!

인간 타입

능력치
- 파워 3
- 인기 2
- 요력 4
- 위험 4
- 괴기 2

특 징
"나를 섬기지 않으면 죽이겠다."고 말하며 히메지 성의 주인을 위협하였다. 히메지 성 천수각에 머물며 1년에 1번만 성의 주인을 만나러 나온다고 한다.

출현 지역: 효고(히메지)

5위 해골 여인

귀녀 요괴

마을

진짜 정체는 해골
좋아하는 남자들 앞에서는 미녀로 둔갑하지만 그녀의 진짜 정체는 해골이다.

귀녀 요괴 랭킹 5위

좋아하는 남자 앞에서 미녀로 둔갑하다!

인간 타입

아름다운 여인의 정체!

능력치
- 파워 1
- 인기 1
- 요력 1
- 위험 1
- 괴기 3

특 징
못생긴 얼굴을 한탄하다 죽은 뒤, 해골 모습의 요괴가 되었다. 아름다운 여자의 모습으로 둔갑해 남자를 홀린다고 전해진다.

출현 지역 아오모리

1위 유령선

유령 요괴 / 물

물에 빠져 죽은 사람들의 혼령!

배를 침몰시키는 유령 군단!

유령 요괴 랭킹 1위

국자를 빌리는 요괴
머리에 삼각 두건을 두른 요괴로, 배에 탄 사람에게 국자를 빌리는 것이 특징이다.

인간 타입

능력치
- 파워 1
- 인기 3
- 요력 3
- 위험 3
- 괴기 3

특 징
"국자를 빌려줘!"라고 말하며 배에 탄 사람을 위협한다. 빌린 국자로 바닷물을 부어 배를 침몰시킨다. 구멍 난 국자를 건네면 포기하고 돌아간다고 한다.

출현 지역 홋카이도·오키나와를 제외한 지역

69

2위 시치닌미사키

유령 요괴

물

바다에서 죽은 자의 혼령!

공포의 7인 혼령! 죽은 사람을 동료로 만드는

인간 타입

유령 요괴 랭킹 2위

7인 혼령의 일원
이들을 만난 사람은 고열이 나 죽게 되고, 결국 '7인 혼령의 일원'이 되고 만다.

능력치
- 파워 1
- 요력 3
- 괴기 2
- 위험 5
- 인기 3

특 징
강과 바다 등 물이 있는 곳에 나타나는 7인조 혼령이다. 항상 7명이 함께 걷는데 이들과 길에서 만난 사람은 고열로 죽는다고 한다.

출현 지역 고치·에히메·오카야마

3위 금붕어 유령

유령 요괴

복수하는 금붕어!

죽은 자의 영혼이 깃든 금붕어 요괴!

유령 요괴 랭킹 3위

난금붕어의 조상
원한을 품은 금붕어 유령 요괴가 머리에 혹이 있는 '난금붕어'의 조상이라는 설이 있다.

동물 타입

특 징
어항의 물에 머리가 빠져 죽은 여자의 원한이 깃든 금붕어 요괴이다. 자신을 죽인 상대에게 복수하여 금붕어가 되었다고 전해진다.

출현 지역 나가노

능력치
- 파워 1
- 요력 4
- 괴기 2
- 위험 4
- 인기 2

 **할머니 불**

유령 요괴

마을

퇴치 주문
무시무시한 요괴지만, "아부라사시."라고 말하면 해치지 않고 사라진다고 한다.

벌을 받은 할머니!

공포의 불덩어리! 스치기만 해도 목숨을 잃는

유령 요괴 랭킹 4위

이형 타입

파워 1
인기 2
요력 2
위험 3
괴기 3

능력치

특 징
절에서 등을 밝힐 때 쓰는 기름을 훔친 할머니가 죽어서 요괴가 되었다. 할머니 불이 어깨를 스친 사람은 3년 안에 죽는다고 한다.

출현 지역 오사카 · 교토

5위 우부메

유령 요괴 / 물

피로 붉게 물든 다리!

슬픈 엄마 요괴! 아기를 안고 있는

유령 요괴 랭킹 5위

우부메의 아기
우부메의 아기를 우부메가 만족할 때까지 안아 주면 괴력이나 행복이 찾아온다고 한다.

능력치
- 파워 1
- 요력 3
- 괴기 2
- 위험 3
- 인기 4

인간 타입

특징
아기를 낳다 죽은 여자가 요괴가 되었다. 사람과 마주치면 "아기를 안아 주세요" 하고 부탁하는데, 부탁을 거절하면 죽고, 들어주면 좋은 일이 생긴다.

출현 지역: 홋카이도·오키나와를 제외한 지역

73

아이를 닮은 귀여운 요괴!
동자 요괴 랭킹

나쁜 행동을 하지 않는다고 알려진 동자 요괴! 조금은 무섭지만 귀여운 동자 요괴들을 만나 보자.

1위 다다미 동자

동자, 요괴  집

두 가지 모습
단발머리를 한 작은 여자아이의 모습으로 많이 알려져 있지만, 남자아이도 있다.

수호신처럼 집을 지켜 주다!

동자 요괴 랭킹 1위

아이들 눈에만 보인다!

능력치
- 파워 1
- 요력 3
- 괴기 1
- 위험 1
- 인기 4

인간 타입

특 징
집이 잘살게 도와주는 수호신과 같은 아이 요괴이다. 소리를 내는 등 장난을 치기도 하지만, 다다미 동자가 떠난 집은 형편이 점점 나빠진다고 한다.

출현 지역 도호쿠

2위 화장실의 하나코

동자 요괴 / 마을

으스스한 소녀! 학교 화장실에 나타나는

화장실 괴담에서 탄생
학교 화장실 괴담을 통해 알려진 요괴이다. 특히 화장실 마지막 칸에서 나타난다고 한다.

단발머리와 붉은 스커트!

동자 요괴 랭킹 2위

인간 타입

능력치
- 파워 1
- 요력 3
- 괴기 3
- 위험 3
- 인기 5

특 징
학교 화장실에 나타나는 요괴이다. 정해진 화장실에 정해진 방법으로 노크를 할 때에만 대답한다. 요괴는 대답을 한 뒤, 노크한 사람을 순식간에 끌고 간다.

출현 지역 전국 각지

3위 키지무나

동자 요괴 / 산

머리카락과 몸이 붉은색!

사람을 잘 따르는 붉은 머리 요괴!

특기는 낚시
사람을 매우 좋아한다고 알려졌다. 낚시를 매우 잘하며, 잡은 물고기의 눈을 먹는다.

동자 요괴 랭킹 3위

인간 타입

능력치

- 파워 2
- 요력 3
- 괴기 2
- 위험 1
- 인기 2

특 징
머리카락과 몸이 붉은색을 띠며, 어린아이처럼 몸집이 작다. 오래된 바냔나무에 사는 정령으로 사람을 잘 따른다.

출현 지역 오키나와

5위 두부 동자

동자 요괴 · 마을

귀여운 동자 요괴! 두부를 들고 다니는

2가지 설
두부를 먹으면 몸에 곰팡이가 생긴다는 설과 아무 일도 일어나지 않는다는 설이 있다.

동자 요괴 랭킹 5위

인간 타입

머리에는 대나무 삿갓!

능력치
- 파워 1
- 요력 1
- 괴기 1
- 위험 1
- 인기 3

특 징
마음이 약하고 사람을 좋아하는 요괴이다. 비 오는 밤에 나타나 사람의 뒤를 쫓아간다고 알려져 있지만, 나쁜 행동은 하지 않는다.

출현 지역 알려지지 않음

1위 설녀

미녀 요괴

산

눈처럼 새하얀 피부!

아름답지만 무서운 눈의 정령!

미녀 요괴 랭킹 1위

인간 타입

사람을 얼리는 요력
외모는 보통 사람이지만, 차가운 입김을 불면 사람을 얼릴 수 있는 요력을 가지고 있다.

특 징
눈 오는 날 나타나는 아름다운 요괴이다. 몸은 얼음처럼 차갑고, 피부도 눈처럼 하얗다. 만나는 사람을 차가운 입김으로 불어서 얼어 죽게 만든다.

출현 지역: 도호쿠·간토·주부·긴키·주고쿠

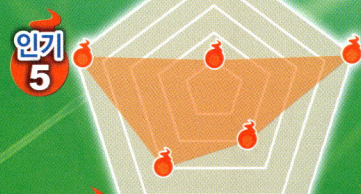

능력치
- 파워 1
- 인기 5
- 요력 5
- 위험 3
- 괴기 2

2위 카와히메

미녀 요괴 | 물

강가에 나타나 남자를 유혹하다!

살아남는 방법
마주친다면 크게 숨을 쉬지 않은 채, 아래를 보고 있으면 곧 사라진다고 한다.

미녀 요괴 랭킹 2위

강 위를 걷는 미녀 요괴!

인간 타입

능력치
- 파워 1
- 인기 1
- 요력 3
- 괴기 2
- 위험 3

특 징
강가에 나타나는 미녀 요괴이다. 아름다움에 넋을 잃고 바라보는 남자의 목숨을 빼앗는다. 강 위를 빠르게 걸을 수 있다.

출현 지역 고치·오이타·후쿠오카

3위 무당거미
미녀 요괴 | 물

크기는 모두 제각각!

미녀 요괴 랭킹 3위

다양한 장소에서 출현
미녀의 모습으로 변신하는 거미 요괴이다. 동굴, 산, 집 등 다양한 장소에 나타난다.

미녀로 변신하는 거미 요괴!

동물 타입

능력치
- 파워 2
- 요력 4
- 괴기 3
- 위험 3
- 인기 2

특 징
원래가 거미인 무당거미는 아름다운 여자로 변신하는 요력을 가졌다. 사람을 실로 휘감아 동굴에 가둔 뒤 잡아먹기도 한다.

출현 지역 시즈오카

4위 로쿠로쿠비

미녀 요괴

집

낮에는 사람, 밤에는 요괴!

잠자는 사이 끝없이 늘어나는 목!

미녀 요괴 랭킹 4위

쭉쭉 늘어나는 목
자고 있다 보면 어느새 갑자기 목이 쭉쭉 늘어난다. 목이 빠지는 로쿠로쿠비도 있다.

인간 타입

능력치
- 파워 1
- 요력 2
- 괴기 3
- 위험 1
- 인기 4

특 징
낮에는 사람과 똑같은 모습으로 생활을 하고, 밤에 자고 있을 때 목이 늘어난다. 따라서 자기 자신이 로쿠로쿠비라는 사실을 알지 못하는 경우가 많다.

출현 지역 도호쿠·간토·주부·규슈

 **이구녀**
미녀 요괴 / 집

커다란 입
뒤통수의 커다란 입으로 뭐든지 먹어 치운다. 하지만 얼굴에 있는 입으로는 먹지 않는다.

지렁이 같은 머리카락!

앞모습은 미녀 / 뒷모습은 큰 입이 쩍!

미녀 요괴 랭킹 5위

인간 타입

능력치
- 파워 1
- 인기 2
- 요력 2
- 위험 2
- 괴기 3

특징
앞에서 보면 미인이지만, 뒤에서 보면 크고 괴상한 입 때문에 깜짝 놀란다. 머리카락을 손처럼 사용해 뒤통수에 달린 입으로 뭐든지 먹어 치운다.

출현 지역 알려지지 않음

요괴들의 영원한 마스코트!
깜찍이 요괴 랭킹

무시무시하게 생긴 요괴만 있는 것은 아니다. 귀여운 외모를 자랑하는 요괴는 누가 있을까?

1위 고로폿쿠르

깜찍이 요괴 | 산

> 머윗잎 밑의 난쟁이 요괴!

나무 밑에 숨어 사는 작은 요정!

깜찍이 요괴 랭킹 1위

특기는 낚시
몸은 작지만, 낚시를 잘한다. 자신의 모습을 사람들에게 보이는 걸 싫어한다.

인간 타입

능력치
- 파워 1
- 요력 1
- 괴기 1
- 위험 1
- 인기 4

특징
'홋카이도의 난쟁이 요괴'로 불리며, 머윗잎 밑에 숨을 수 있을 정도로 몸이 작다. 홋카이도의 원주민과 사이좋게 잘 지낸다.

출현 지역: 홋카이도

2위 목령

깜찍이 요괴 | 산

나무를 지키는 요괴!

숲의 수호자
목령이 머물고 있는 나무를 자르려고 하면 사람으로 변신해 경고하거나 벌을 내린다.

깜찍이 요괴 랭킹 2위

화가 나면 무섭게 변하는 나무의 정령!

이형 타입

능력치
- 파워 1
- 요력 4
- 괴기 3
- 위험 2
- 인기 3

특 징
오래된 나무에 사는 정령이다. 누군가 나무를 자르려고 하면 사람이나 불꽃으로 변신해 나무를 지킨다. 나무를 자른 사람에게 재앙을 내리기도 한다.

출현 지역 전국 각지

3위 요괴 너구리

깜찍이 요괴  마을

특기는 변신
사람이나 요괴로 변신이 가능하지만 정체를 금방 들키는 등 조금 어리숙한 면이 있다.

두 다리로 걷는다!

정체가 금방 들통나는 변신 요괴!

깜찍이 요괴 랭킹 3위

동물 타입

능력치
- 파워 1
- 요력 4
- 괴기 1
- 위험 2
- 인기 4

특 징
사람이나 요괴로 변신해 사람을 놀라게 하는데, 정체를 끝까지 숨기지 못할 때가 많다. 요괴 너구리 중에는 사람과 사이가 좋은 요괴도 있다.

출현 지역 홋카이도·오키나와를 제외한 지역

4위 게우케겐
깜찍이 요괴

집

온몸이 털로 덮이다!

음침한 곳에 사는 털북숭이!

희귀 요괴
마룻바닥 같은 음침한 곳에서 산다고 알려졌지만 좀처럼 모습을 볼 수 없다.

깜찍이 요괴 랭킹 4위

능력치

- 파워 1
- 인기 2
- 요력 1
- 위험 1
- 괴기 4

이형 타입

특　징
털북숭이 요괴이다. 집 마룻바닥 밑에서 사는데 그 집에는 아픈 사람이 꼭 생긴다고 한다. 하지만 게우케겐의 능력이나 목적은 알려지지 않았다.

출현 지역   알려지지 않음

5위 갓파

깜찍이 요괴

물

오이를 좋아하는 강가의 장난꾸러기!

머리에 있는 둥근 접시
접시처럼 움푹 파인 머리 윗부분에는 물이 담겨 있다. 이 물이 마르면 힘을 잃거나 죽는다.

깜찍이 요괴 랭킹 5위

거북이처럼 단단한 등딱지!

인간 타입

능력치
- 파워 3
- 인기 5
- 요력 2
- 위험 3
- 괴기 3

특 징
어린아이 정도의 작은 몸집을 가졌다. 사람에게 씨름을 제안하거나 말을 강으로 끌고 들어가는 등 짓궂은 장난을 좋아한다.

출현 지역 전국 각지

1위 눗페후호후

비호감 요괴 　　　　　　　　　　마을

섬뜩한 외모
얼굴과 몸을 구분할 수 없는 것이 가장 큰 특징이다. 특히 머리가 없어 더욱 섬뜩하다.

풍기며 걷다! 기분 나쁜 냄새를

비호감 요괴 랭킹 1위

고깃덩어리와 비슷한 모습!

이형 타입

능력치
- 파워 1
- 요력 1
- 괴기 5
- 위험 1
- 인기 3

특 징
고깃덩어리 같은 몸에 늘어진 주름과 손발이 있다는 것 외에는 밝혀지지 않았다. 이 모습을 실제로 보면 기분이 매우 나쁘다고 한다.

출현 지역 알려지지 않음

93

2위 도도메키

비호감 요괴

마을

눈으로 빼곡한 팔!

돈을 훔친 벌을 받아 요괴가 되다!

난폭한 도도메키
불꽃이나 독을 내뿜으며 무사와 싸운 난폭한 도도메키도 있었다고 한다.

비호감 요괴 랭킹 2위

인간 타입

능력치
- 파워 1
- 요력 3
- 괴기 4
- 위험 3
- 인기 3

특 징
팔에 수많은 눈이 있는 여자 요괴이다. 원래는 일반 사람이었는데, 다른 사람의 돈을 훔치면서부터 팔에 눈이 생겼다고 한다.

출현 지역 도치기

3위 탄탄코로링

비호감 요괴

마을

승려의 모습을 하다!

감나무 요괴! 감의 씨앗을 떨어뜨리는

비호감 요괴 랭킹 3위

감의 씨앗
많은 감을 가지고 돌아다니는 것은 감의 씨앗을 여기저기 퍼뜨리기 위한 행동이다.

이형 타입

능력치
- 파워 1
- 요력 3
- 괴기 2
- 위험 1
- 인기 3

특 징
시간이 지나도 감을 수확하지 않으면 나타나는 감의 요정이다. 몸집이 큰 승려로 변신해 사람들에게 감을 먹이기 위해 마을을 돌아다닌다.

출현 지역 미야기(센다이)

95

4위 코사메보우

비호감 요괴 / 산

비 오는 밤에 나타나 구걸을 하다!

비호감 요괴 랭킹 4위

구걸하는 승려
비가 내리는 밤에 산속을 배회하며 구걸하러 다니는 요괴이다.

허름한 승려의 모습!

인간 타입

능력치
- 파워 1
- 요력 1
- 괴기 3
- 위험 1
- 인기 2

특 징
야윈 모습에 허름한 옷을 입은 승려 요괴이다. 비 오는 밤에 산속을 배회하며 여행하는 사람들에게 구걸을 한다고 전해진다.

출현 지역 나라·아오모리

5위 슈노반
비호감 요괴

마을

이마에 난 거대한 뿔 하나!

새빨간 얼굴로 사람을 기절시키다!

섬뜩한 얼굴
새빨간 얼굴에, 입은 귀까지 찢어져 있다. 만나면 기절할 정도로 섬뜩한 모습이다.

비호감 요괴 랭킹 5위

인간 타입

능력치
- 파워 3
- 요력 2
- 괴기 3
- 위험 4
- 인기 3

특 징
무서운 얼굴로 사람을 놀라게 해 기절시킨다. 그중 몸이 약해 죽은 사람도 있었는데, 그 이후로 '혼을 빼앗는 요괴'라고도 불린다.

출현 지역 후쿠시마 · 니가타

97

6위 부루부루

비호감 요괴

마을

긴 머리의 유령 같은 모습!

겁쟁이 신
사람을 홀려 겁쟁이로 만드는 능력이 있는데, 이 때문에 '겁쟁이 신'으로 불린다.

사람을 홀려 겁쟁이로 만든다!

비호감 요괴 랭킹 6위

이형 타입

능력치
- 파워 1
- 요력 2
- 괴기 4
- 위험 1
- 인기 2

특 징
사람의 목덜미를 만져 온몸의 털이 쭈뼛 서게 하고, 오싹한 기분이 들게 만든다. 밤에 혼자 길을 걷다가 몸에 소름이 끼치는 건 이 요괴 때문이다.

출현 지역 알려지지 않음

8위 텟소
비호감 요괴

집

사람과 쥐를 합성한 모습!

비호감 요괴 랭킹 8위

화가 난 승려가 큰 쥐로 변하다!

승려와 닮은 외모
사람이 쥐로 변했을 뿐, 키와 외모 모두 승려일 때 모습과 닮았다.

동물 타입

능력치
- 파워 2
- 인기 2
- 요력 4
- 위험 3
- 괴기 3

특징
'라이고'라는 이름의 승려가 천황이 약속을 지키지 않자, 단식하여 죽고 말았다. 그 혼령이 텟소가 되었다고 전해진다.

출현 지역 시가·교토

사토리

9위 비호감 요괴

산

털북숭이 요괴!

사람의 마음을 읽는 신비한 능력!

비호감 요괴 랭킹 9위

두 발로 걷는 원숭이
몸집은 성인 남자 정도이고, 사람처럼 두 발로 걸어다닐 수 있다. 원숭이와 닮았다.

동물 타입

능력치
- 파워 2
- 요력 4
- 괴기 3
- 위험 3
- 인기 4

특 징
사람이 생각하고 있는 것을 정확하게 알아내는 섬뜩한 요괴이다. 그대로라면 잡아먹힐 수 있으니 마음을 읽히지 않도록 머릿속을 비워야 한다.

출현 지역 도호쿠·간토·주부·긴키

10위 오토로시

비호감 요괴

집

날카로운 갈고리 손톱!

사자처럼 긴 머리와 거대한 얼굴!

높은 곳에서 대기
신사 입구의 문이나 담 위처럼 높은 곳에 있다가 사람이 지나가면 위에서 떨어진다.

비호감 요괴 랭킹 10위

이형 타입

능력치
- 파워 3
- 요력 2
- 괴기 3
- 위험 3
- 인기 2

특　징
신사 어딘가에 숨어 있다가 낙서를 하거나 시설을 망가뜨리는 사람이 오면 혼내 준다. 갈고리 모양의 날카로운 손톱을 가졌다.

출현 지역 알려지지 않음

오싹오싹 요괴 상식

요괴를 퇴치하는 방법

사람을 기절시키거나 잡아먹는 무시무시한 요괴도 있지만,
아주 간단한 방법으로 퇴치할 수 있는 요괴도 있다.
어떻게 하면 요괴를 퇴치할 수 있는지 알아보자.

퇴치 방법

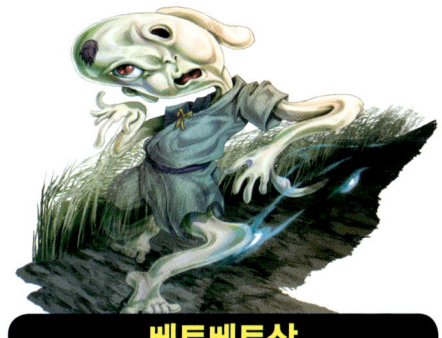

베토베토상

밤길에 베토베토상이 뒤를 따라오면 "베토베토상, 먼저 가세요."라고 말하며 길을 양보한다. 그러면 그냥 지나갈 것이다.

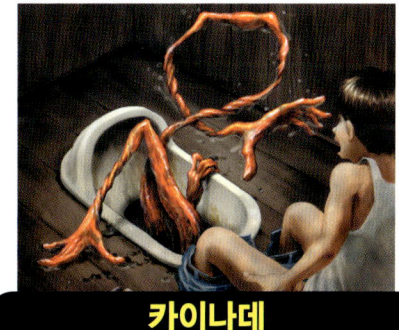

카이나데

카이나데가 나타나면 "빨간 종이 줄까, 하얀 종이 줄까?"라고 말한 뒤 엉덩이를 닦지 않고 나가면 된다.

미코시뉴도

미코시뉴도는 사람을 죽이는 무서운 요괴지만 "미코시뉴도 예측하다."라고 외치면 살려 준다.

누리카베

누리카베에게 길이 막혔다면 아래쪽을 막대기로 두드린다. 그러면 벽이 사라질 것이다.

1위 놋베라보우

개성 만점 요괴

마을

코나 눈만 있는 경우도 있다!

오싹한 요괴! 달걀귀신처럼 생긴

개성 만점 요괴 랭킹 1위

반질반질한 얼굴
깜깜한 밤에 갑자기 반질반질한 얼굴로 나타나 사람을 놀라게 하는 것이 특기이다.

인간 타입

능력치
- 파워 1
- 요력 3
- 괴기 1
- 위험 3
- 인기 5

특 징
눈, 코, 입이 없는 기괴한 얼굴을 가진 요괴이다. 밤에 갑자기 나타나 사람을 놀라게 한다. 여우나 너구리가 변신했다는 설이 있다.

출현 지역 홋카이도·오키나와를 제외한 지역

2위 우산 요괴

개성 만점 요괴

마을

발이 달린 우산!
오래된 우산이 요괴가 되다!

눈과 발이 1개
눈과 발이 1개씩인 모습이 일반적이지만, 발이 2개인 것도 있다. 혀를 내밀며 뛰어다닌다.

개성 만점 요괴 랭킹 2위

이형 타입

능력치
- 파워 1
- 요력 2
- 괴기 5
- 위험 1
- 인기 5

특징
괴상한 외모로 사람을 놀라게 한다는 것 외에는 알려지지 않았다. 시간이 지나 오래된 물건이 요괴로 변하는 '부상신'의 일종이다.

출현 지역 알려지지 않음

3위 바케조리

개성 만점 요괴

마을

짚신 요괴
신발을 함부로 대하면 짚신 요괴인 바케조리가 혼내 주러 올지 모르니 조심해야 한다.

스스로 걸을 수 있다!

오래된 짚신에 혼이 깃들다!

이형 타입

개성 만점 요괴 랭킹 3위

능력치

- 파워 2
- 요력 2
- 괴기 5
- 위험 1
- 인기 4

특 징
오랜 시간 신었던 짚신에 혼이 깃든 요괴이다. 신발을 마구 벗어 놓은 집에 찾아가 문 밖에서 노래를 불러 골탕을 먹였다는 이야기가 전해진다.

출현 지역 알려지지 않음

107

4위 인면견

개성 만점 요괴

마을

사람의 말을 하다!

이상한 혼잣말을 중얼중얼!

개성 만점 요괴 랭킹 4위

시속 100km
밤에 고속도로에 나타나 시속 100㎞ 정도의 속도로 차를 쫓아가기도 한다.

동물 타입

능력치
- 파워 1
- 요력 1
- 괴기 5
- 위험 3
- 인기 5

특 징
아저씨의 얼굴을 한 개 요괴이다. 말을 걸면 "시끄러워!", "날 내버려 둬!"라고 말하며 어디론가 가 버린다. 커플을 보면 욕을 하기도 한다.

출현 지역 전국 각지

 # 베토베토상

마을

오싹한 발소리
아무도 없는 밤길에 발소리만 들린다면 베토베토상이 모습을 감추고 따라오는 것이다.

개성 만점 요괴 랭킹 5위

모습을 감추고 사람의 뒤를 따라가다!

발소리의 정체!

이형 타입

능력치
- 파워 1
- 요력 2
- 괴기 2
- 위험 1
- 인기 5

특 징
밤길을 걷고 있을 때면 어느새 뒤에서 따라오는 기분 나쁜 요괴이다. 길을 양보하거나 손전등을 빌려주면 그냥 지나간다.

출현 지역 주부·긴키

1위 누라리횬

주름 요괴

집

상인 또는 승려의 모습!

연기처럼 나타났다 사라지는 요괴!

수수께끼 요괴
옛 그림에 담배를 피우는 모습으로 많이 그려졌지만, 여전히 베일에 싸여 있다.

주름 요괴 랭킹 1위

인간 타입

능력치
- 파워 1
- 요력 2
- 괴기 2
- 위험 2
- 인기 4

특 징
머리가 매우 큰 할아버지 요괴이다. 고급스러운 옷을 입고 있지만, 그 외 모든 것은 베일에 싸여 있다. '요괴들의 대장'으로 불린다.

출현 지역 알려지지 않음

111

3위 아기 울음 할아범

주름 요괴

산

점점 무거워지는 몸
사람에게 엄청난 괴력으로 달라붙어 나중에는 거대한 돌덩이처럼 느끼게 한다.

엄청난 괴력으로 안기는 공포의 할아버지!

주름 요괴 랭킹 3위

아기 반, 할아버지 반!

인간 타입

능력치
- 파워 5
- 요력 3
- 괴기 3
- 위험 4
- 인기 3

특징
몸과 울음소리는 아기인데, 얼굴만 할아버지인 괴상한 요괴이다. 산길에서 지나가는 사람이 안아 주면 그 사람에게 달라붙어 결국에는 죽게 만든다.

출현 지역 도쿠시마

4위 야만바

주름 요괴

산

귀까지 찢어진 입!

주름 요괴 랭킹 4위

공포의 할머니
산속에서 길 잃은 사람을 집에 머물 수 있게 도와주고, 그 사람이 잠들면 잡아먹는다.

산속에서 길 잃은 사람을 노리는 식인 요괴!

인간 타입

능력치
- 파워 3
- 요력 3
- 괴기 3
- 위험 3
- 인기 4

특징
산속에 살고 있는 할머니 요괴이다. 나무 위에 앉아 히죽거리며 사람을 놀라게 하기도 하고, 마을로 내려와 사람을 납치해 잡아먹기도 한다.

출현 지역 홋카이도·오키나와를 제외한 지역

5위 할머니 불

주름 요괴 · 마을

도둑질을 하다가 벌을 받은 할머니!

주름 요괴 랭킹 5위

불덩어리 요괴
할머니의 얼굴을 한 불덩어리 요괴로, 이 불덩어리에 스치면 3년 안에 죽는다고 한다.

이형 타입

불길을 내뿜는 입!

능력치
- 파워 1
- 인기 2
- 요력 2
- 위험 3
- 괴기 3

특 징
할머니 얼굴을 한 불덩어리 요괴이다. 기름을 훔친 할머니가 그 벌로 요괴가 되었다. 밤이 되면 공중을 날아다니는데, 눈 깜짝할 사이에 4m나 날아간다.

출현 지역 오사카 · 교토

115

수레바퀴처럼 데굴데굴!
데굴데굴 요괴 랭킹

데굴데굴 잘 굴러가는 요괴들이 모두 모였다!
랭킹 1위의 주인공은 누가 될까?

1위 츠치노코

데굴데굴 요괴

거대한 뱀 머리!

무서운 뱀 요괴! 강력한 독을 내뿜는

데굴데굴 요괴 랭킹 1위

산

동글동글한 몸

크고 동글동글한 몸으로 잘 구른다. 나무망치가 변신한 요괴라는 설이 있다.

능력치
- 파워 1
- 요력 1
- 괴기 3
- 위험 3
- 인기 4

동물 타입

특 징

산속에 사는 요괴로, 뱀과 비슷하지만 몸이 굵고 짧다. 송곳니에는 강력한 독이 있으며, 츠치노코를 보기만 해도 깊은 잠에 빠진다고 한다.

출현 지역: 홋카이도·오키나와를 제외한 지역

2위 화차

데굴데굴 요괴 | 마을

시체를 훔쳐 가는 지옥의 사자!

불타는 수레바퀴!

데굴데굴 요괴 랭킹 2위

다양한 모습
검은 구름, 고양이, 불타는 마차 등 다양한 모습으로 사람들에게 목격된다.

이형 타입

능력치
- 파워 2
- 요력 2
- 괴기 4
- 위험 4
- 인기 3

특　징
나쁜 짓을 많이 한 사람이 죽으면 화차가 장례식에 나타나 관 뚜껑을 열고 시체를 훔쳐 간다. 화차와 눈이 마주친 것만으로 죽은 사람이 있다고 한다.

출현 지역 홋카이도·오키나와를 제외한 지역

4위 와뉴도

데굴데굴 요괴

마을

무서운 표정의 얼굴
수레바퀴 한가운데에 남자의 얼굴이 있다. 무심코 보았다가는 혼을 빼앗긴다.

이글거리는 불꽃!

데굴데굴 요괴 랭킹 4위

사람의 혼을 빼앗는 공포의 수레바퀴!

이형 타입

능력치
- 파워 2
- 인기 4
- 요력 3
- 위험 5
- 괴기 4

특 징
자신을 본 사람의 혼을 빼앗아 가는 매우 위험한 요괴이다. '여기는 승모의 마을'이라고 쓴 종이를 문에 붙이면 그 집에는 가까이 가지 않는다고 한다.

출현 지역 교토

5위 오보로구루마

데굴데굴 요괴

마을

밤거리를 달리는 마차!

마차에 깃들다! 귀족의 원한이

데굴데굴 요괴 랭킹 5위

귀족의 원한

마차 앞쪽에는 원한을 품은 귀족의 얼굴이 크게 붙어 있다. 이 마차는 반투명한 모습이다.

동물 타입

능력치
- 파워 2
- 인기 3
- 요력 1
- 위험 2
- 괴기 4

특 징

교토의 거리에서 목격된 마차 요괴이다. 축제에서 마차의 자리 싸움을 하다 진 귀족이 원한을 품고 죽어, 마차와 하나가 되었다고 한다.

출현 지역 교토

합체 요괴 랭킹

사람과 동물이 하나로!

여러 생명체의 특징을 가진 괴기한 합체 요괴들을 만나 보자!

1위 누에

합체 요괴

마을

얼굴은 원숭이, 꼬리는 뱀!

어둠 속에 울려 퍼지는 소름 끼치는 비명!

합체 요괴 랭킹 1위

호랑지빠귀

다양한 동물을 합체한 모습의 누에는 밤이 되면 '호랑지빠귀'라는 새처럼 으스스한 소리를 낸다.

동물 타입

능력치
- 파워 3
- 요력 4
- 괴기 5
- 위험 4
- 인기 4

특 징
머리는 원숭이, 몸통은 너구리, 손발은 호랑이, 꼬리는 뱀의 모습을 한 요괴이다. 밤이 되면 검은 연기와 함께 나타나 기분 나쁜 소리로 울어 공포에 떨게 한다.

출현 지역 교토

인어

2위 합체 요괴

물

얼굴은 사람, 몸은 물고기!

합체 요괴 랭킹 2위

기괴한 모습
보통의 인어는 상반신이 사람인데, 일본의 인어는 얼굴만 사람의 모습을 하고 있다.

얼굴만 사람인 괴상한 물고기!

동물 타입

능력치
- 파워 1
- 요력 3
- 괴기 3
- 위험 1
- 인기 5

특징
얼굴은 사람, 몸은 물고기인 요괴이다. 좋은 일이나 나쁜 일이 있을 때 나타나는데, 인어를 죽이면 불행한 일이 생긴다고 한다.

출현 지역 홋카이도를 제외한 지역

124

3위 우귀

합체 요괴 / 마을

험악한 얼굴
얼굴은 소, 몸통은 거미의 모습을 하고 있다. 큰 뿔이 달린 얼굴이 험악해 보인다.

거미처럼 생긴 몸통!

사람을 향해 무섭게 돌진하다!

합체 요괴 랭킹 3위

동물 타입

능력치
- 파워 5
- 요력 2
- 괴기 5
- 위험 4
- 인기 4

특 징
소와 거미가 합체한 듯한 요괴이다. 사람을 향해 무섭게 돌진해 들이받거나, 사람의 그림자를 먹어 치운다. 그림자가 먹힌 사람은 죽는다고 한다.

출현 지역: 주부·긴키·주고쿠·시코쿠·규슈

125

5위 이소온나

합체 요괴 / 물

정체불명의 하반신!

공포의 머리카락
어두운 밤이 되면 긴 머리카락을 뻗어 배에 탄 사람들의 피를 빨아들인다.

피를 빨아 먹는 흡혈 요고!

합체 요괴 랭킹 5위

인간 타입

능력치
- 파워 1
- 인기 2
- 요력 3
- 위험 4
- 괴기 2

특 징
주로 해안가에 나타난다. 상반신은 미녀의 모습이지만 하반신은 정체불명이다. 밤에 배에서 자고 있는 사람의 피를 머리카락으로 빨아들인다.

출현 지역 규슈

위엄이 있는 멋진 요괴! 신성 요괴 랭킹

저절로 고개가 숙여지는 신성하고 위엄이 넘치는 요괴들이 모였다!

1위 기린

신성 요괴

산

전설의 동물! 작은 벌레도 소중히 여기는

신성한 동물
매우 신성한 동물이기 때문에 옛날부터 장식품이나 그림 등에 그려 넣었다.

다양한 동물이 합체!

신성 요괴 랭킹 1위

동물 타입

능력치
- 파워 2
- 요력 3
- 괴기 3
- 위험 1
- 인기 5

특 징
사슴의 몸, 소의 꼬리, 말의 발굽, 뿔을 가진 전설의 동물이다. 동물과 식물을 먹지 않고, 걸을 때도 벌레와 풀을 밟지 않는다.

출현 지역 전국 각지

2위 삼족오

신성 요괴

길을 안내하는 신의 사자!

산

세 발 달린 검은 새!
사람을 이끄는

신성 요괴 랭킹 2위

큰 날개
큰 날개를 퍼덕이며, 사람들을 이끈다. 일본 천황을 목적지까지 안내했다고 알려졌다.

동물 타입

능력치
- 파워 1
- 인기 1
- 요력 3
- 위험 3
- 괴기 3

특징
'신의 사자'로 불리는 3개의 다리를 가진 까마귀이다. 일본 신화에 등장하는데, 일본 초대 천황을 야마토(현재의 나라)까지 안내하였다.

출현 지역 나라

130

3위 바쿠

신성 요괴

집

코끼리 코처럼 기다란 코!

다양한 동물이 합체

코끼리의 코, 코뿔소의 눈, 소의 꼬리, 호랑이의 발, 곰의 몸이 합쳐진 모습이다.

행운의 요괴! 악몽을 먹어 치우는

신성 요괴 랭킹 3위

동물 타입

능력치

- 파워 1
- 요력 5
- 괴기 3
- 위험 1
- 인기 4

특 징

악몽을 먹어 사람의 마음을 평화롭게 해 주는 '행운의 요괴'이다. 바쿠가 그려진 모피를 깔거나 그림을 걸면 나쁜 기운을 물리치는 효과가 있다.

출현 지역 전국 각지

4위 뇌수

신성 요괴 / 마을

번개의 정체
번개가 칠 때마다 함께 나타나기 때문에 번개의 정체가 '뇌수'라고 말하는 사람들이 있다.

독이 있는 뾰족한 발톱!

신성 요괴 랭킹 4위

번개, 비와 함께 내려오는 요괴!

동물 타입

능력치
- 파워 2
- 요력 4
- 괴기 1
- 위험 3
- 인기 4

특징
번개와 함께 하늘에서 내려온다고 알려진 요괴이다. 발톱에 강력한 독이 들어 있어 이 발톱에 상처를 입으면 병에 걸리고 만다.

출현 지역: 홋카이도·규슈·오키나와를 제외한 지역

5위 아오사기노히

신성 요괴 · 마을

밤을 눈부시게 비추다!

입에서 불을 뿜어내는 왜가리 요괴!

신성 요괴 랭킹 5위

동물 타입

푸른빛의 날개
하늘을 날아다닐 때 날개에서 눈이 부실 정도로 밝은 푸른빛을 띤다고 한다.

능력치
- 파워 1
- 요력 5
- 괴기 1
- 위험 1
- 인기 3

특징
오래 산 '왜가리'에게만 일어나는 기이한 현상이다. 밤중에 날 때 날개 전체가 푸른빛을 띠어 눈이 부시다고 한다. 입에서 불을 뿜는다는 이야기도 있다.

출현 지역: 홋카이도를 제외한 지역

1위 야마비코

소리 요괴 · 산

산짐승의 모습!
깊은 산속에 사는 신의 사자!

소리 요괴 랭킹 1위

무서운 목소리
밤낮 없이 산속에서 무서운 목소리가 들리는데, 바로 야마비코가 내는 소리이다.

동물 타입

능력치
- 파워 1
- 요력 1
- 괴기 2
- 위험 1
- 인기 5

특 징
산속에 사는 요괴로 산에 오른 사람이 소리를 내면 그 소리를 듣고, 똑같이 흉내를 낸다. 산에 사는 '신의 사자'라고 알려졌다.

출현 지역 주고쿠 · 시코쿠

2위 후루소마

소리 요괴

산

으스스한 소리
밤이 되면 나무 베는 소리를 내는데, 곧이어 나무가 쓰러지는 소리도 낸다.

소리 요괴 랭킹 2위

깊은 밤 산에서 나무 베는 소리를 내다!

나무에 맞아 죽은 나무꾼!

동물 타입

능력치
- 파워 1
- 요력 1
- 괴기 3
- 위험 2
- 인기 2

특 징
밤이 되면 나무를 베어 쓰러뜨리는 소리를 내는 요괴이다. 실제로 나무가 잘린 적은 없다. 정체는 쓰러진 나무에 맞아 죽은 나무꾼의 혼령이라고 한다.

출현 지역 시코쿠

3위 야나리

소리 요괴 / 집

장난꾸러기 요괴
가구나 방문을 흔들어 덜커덕덜커덕 소리를 내는 장난꾸러기 요괴이다.

작은 오니의 모습!

귀여운 장난꾸러기! 가구를 흔들흔들

소리 요괴 랭킹 3위

인간 타입

능력치
- 파워 1
- 요력 2
- 괴기 3
- 위험 1
- 인기 4

특 징
집의 지붕 밑이나 구석에 살며 방문, 가구, 집 전체 등을 흔들어 소리를 낸다. 집이 울리는 것은 나쁜 일이 일어날 '전조'라고 한다.

출현 지역 알려지지 않음

4위 팥 씻기
소리 요괴

물

특기는 물건 세기!

시냇가에서 팥을 씻는 요괴!

팥을 씻는 소리
사각사각 팥을 씻는 소리만 들릴 뿐, 팥 씻기 요괴의 모습을 본 사람은 아무도 없다.

소리 요괴 랭킹 4위

인간 타입

능력치
- 파워 1
- 요력 1
- 괴기 2
- 위험 2
- 인기 3

특 징
시냇가나 우물가 등 물이 있는 곳에서 팥을 씻는 소리를 내는 요괴이다. 물건 세기가 특기인 어린 승려가 죽음을 당하여 요괴가 되었다고 한다.

출현 지역 홋카이도·오키나와를 제외한 지역

5위 파도 동자

소리 요괴 / 물

비를 부르는 요력
사람에게 도움을 받으면 그 답례로 가뭄이 들었을 때 비를 내려 준다고 한다.

어린아이의 모습!

철썩철썩 파도 소리로 은혜를 갚다!

소리 요괴 랭킹 5위

인간 타입

능력치
- 파워 1
- 요력 4
- 괴기 3
- 위험 2
- 인기 1

특 징
어린아이의 모습을 하고 있으며 크기는 엄지손가락 정도이다. 사람에게 도움을 받으면 그 답례로 비를 내려 주거나, 날씨의 변화를 파도 소리로 알려 준다.

출현 지역 시즈오카

6위 웃는 여자

소리 요괴

산

소름 끼치는 기괴한 웃음소리!

섬뜩한 외모
'웃는 여자'라고 불릴 정도로 항상 웃고 있다. 하지만 외모는 상당히 섬뜩하다.

소리 요괴 랭킹 6위

웃음소리가 귓가에 맴돌다!

인간 타입

능력치
- 파워 1
- 인기 1
- 요력 1
- 위험 3
- 괴기 2

특 징
산길을 지나가는 사람을 만나면 처음에는 미소를 짓는다. 하지만 나중에는 산 전체가 울릴 정도로 크고 기괴한 웃음소리를 낸다고 한다.

출현 지역 고치

140

7위 아기 울음 할아범

소리 요괴 / 산

돌처럼 무거워지는 몸!

공포의 할아버지! 안기면 떨어지지 않는

소리 요괴 랭킹 7위

아기 울음소리
아기처럼 울면서 사람에게 안긴다. 한번 안기면 절대 떨어지지 않는다.

인간 타입

능력치
- 파워 5
- 인기 3
- 요력 3
- 위험 4
- 괴기 3

특 징
몸과 울음소리는 아기인데, 얼굴은 할아버지이다. 밤에 산길에서 울고 있다가 사람이 안아 주면 그 사람에게 달라붙어 결국 죽게 만든다.

출현 지역 도쿠시마

141

8위 베토베토상

소리 요괴 / 마을

뒤를 쫓는 요괴
베토베토상은 걸어가는 사람의 뒤를 쫓아가기만 할 뿐, 나쁜 짓을 하지는 않는다.

소리 요괴 랭킹 8위

정체불명의 발소리!

저벅저벅! 공포의 발소리!

이형 타입

능력치
- 파워 1
- 요력 2
- 괴기 2
- 위험 1
- 인기 5

특징
밤길을 걷고 있는 사람을 따라가지만, 모습은 보이지 않는다. "베토베토상, 먼저 가세요."라고 말하며 길을 양보하면 사라진다.

출현 지역 주부·긴키

9위 코다마네즈미
소리 요괴 · 산

동글동글 귀여운 외모!

기괴한 요괴! 몸을 폭파시키는

소리 요괴 랭킹 9위

동물 타입

대포 같은 소리
사람을 만나면 멈춰 서서 몸을 부풀리고, 순식간에 대포 같은 큰 소리를 내며 폭파한다.

능력치
- 파워 1
- 요력 1
- 괴기 4
- 위험 1
- 인기 2

특 징
외모는 귀엽지만, 산속에서 사람을 만나면 몸을 부풀려 큰 소리를 내며 폭파해 버린다. 이 행동은 '산신령의 경고'라고 전해진다.

출현 지역 아키타

10위 나리가마

소리 요괴

집

털북숭이 오니의 몸!

솥에 사는 점쟁이 요괴!

소리 요괴 랭킹 10위

솥 밑의 털북숭이
털로 뒤덮인 오니와 같은 모습에, 머리는 솥을 거꾸로 쓰고 있는 것이 특징이다.

이형 타입

능력치
- 파워 1
- 요력 3
- 괴기 4
- 위험 1
- 인기 3

특 징
옛날 일본에서는 솥에 물을 끓여 그 소리로 점을 치기도 했다. 이때 사용되던 솥이 나리가마가 되었는데, 그림을 이용해 점을 쳐 주는 요괴이다.

출현 지역 알려지지 않음

144

오싹오싹 요괴 상식

요괴 용어 사전 1

일본 요괴에 대하여 공부하면서
알아 두면 도움이 되는 용어들을 소개한다.

 ### 3대 요괴

일본을 대표하는 요괴인 오니, 텐구, 갓파를 말한다. 일본 전역에 걸쳐 3대 요괴와 관련된 전설이 전해지고 있으며, 일본 사람들 사이에서 가장 유명한 요괴들이다.

 ### 봉마시

해가 지기 시작할 때부터 완전히 질 때까지의 시간을 말한다. 사람의 시간인 '낮'과 요괴가 나타나기 시작하는 '밤'의 경계가 되기도 한다. 사람들이 매우 불길하게 생각하는 시간이며, 요괴들에게는 활동을 시작하는 시간이기도 하다.

 ### 에마키

종이나 천에 이야기가 담긴 그림을 그리고, 그것을 여러 장 연결한 두루마리 형태의 그림이다. 그림책 각각의 페이지를 이야기 순서대로 한 장면 한 장면을 연결한 것이라고 생각하면 된다. 요괴의 모습이나 요괴를 퇴치하는 장면, 요괴와 관련된 전설 등이 그려지기도 했다.

 ### 오바케

'바케모노'라고도 불리는데, 본래의 모습에서 다른 모습으로 변신하는 것을 말한다. 사람으로 둔갑한 너구리, 죽은 사람의 영혼, 바위나 나무에 붙어 있는 신적인 존재 등을 모두 '오바케'라고 한다. 옛날 일본 사람들은 신기한 일이나 기이한 현상을 모두 오바케의 짓이라고 생각했다.

 ### 우키요에

일본의 에도 시대(1603년~1867년)에 그려진 그림을 말한다. 일반적으로 '목판화'를 말하며, 당시 사람들의 생활 모습을 다룬 풍속화가 많다.

 ### 지옥

불교나 기독교 등에서 '나쁜 짓을 한 사람이 죽으면 영혼을 보내 벌을 받게 하는 세계'이다. 오니를 비롯한 여러 요괴가 이곳에 살고 있다.

요괴 용어 사전 2는 176페이지에서 소개할게.

집에 숨어 사는 요괴!

집요괴 랭킹

요괴 중에는 사람의 집에 눌러사는
요괴가 있다. 위험하지는 않지만
조금 귀찮은 요괴를 소개한다.

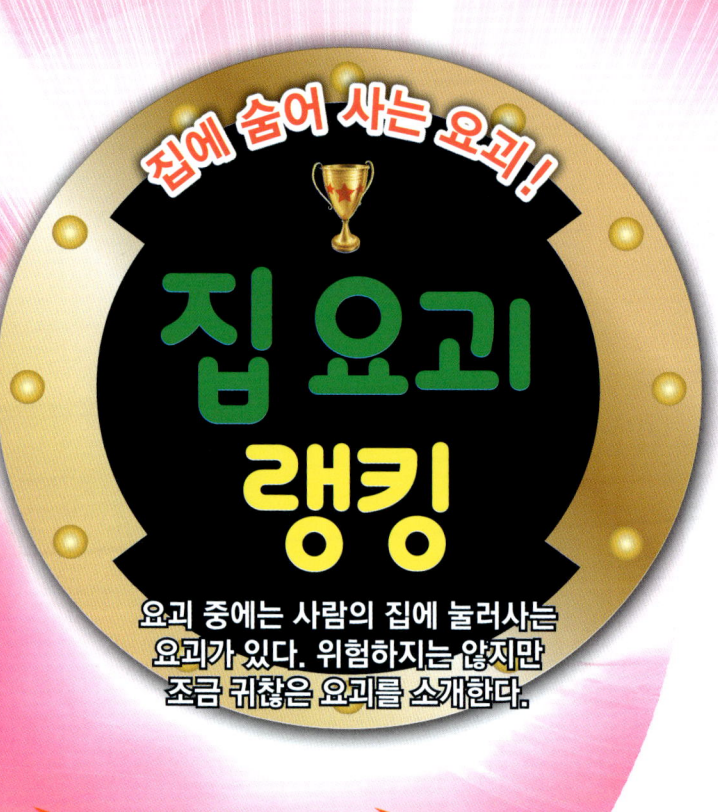

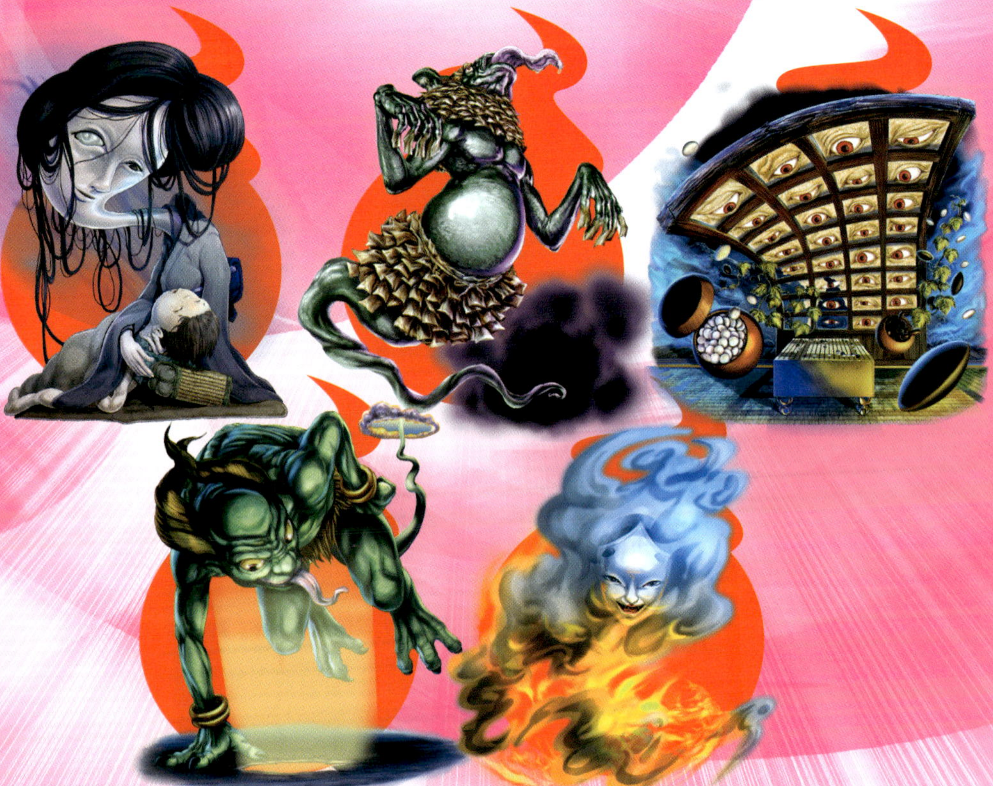

1위 베개 돌려놓기

집 요괴 / 집

확실하지 않은 외모!

자는 동안 몰래 베개를 뒤집는 요괴!

다양한 모습
여자, 승려, 도깨비 등 다양한 모습으로 나타난다고 한다.

집 요괴 랭킹 1위

인간 타입

능력치
- 파워 1
- 요력 1
- 괴기 2
- 위험 1
- 인기 3

특징
자고 일어났는데 베개가 없어지거나 뒤집어져 있다면 베개 돌려놓기 요괴의 짓일지도 모른다. 사람의 몸을 누르거나 목숨을 빼앗는 나쁜 요괴도 있다.

출현 지역: 도호쿠·간토·주부·시코쿠

2위 천장 핥기

집 요괴

기다란 혀로 천장을 날름날름 핥다!

어둠을 만드는 그림자
추운 겨울, 천장 근처가 어두워지는 것은 천장 핥기가 천장을 핥으며 만든 그림자 때문이다.

천장에 숨어 살다!

인간 타입

능력치
- 파워 1
- 요력 1
- 괴기 4
- 위험 2
- 인기 3

집 요괴 랭킹 2위

특 징
기다란 혀로 천장을 핥는 요괴이다. 빛을 가려 방을 어둡고 무섭게 만드는 것이 목적이다. 보통은 천장에 숨어 산다고 한다.

출현 지역 알려지지 않음

3위 모쿠모쿠렌

집 요괴

집

공포의 눈
요괴가 된 바둑 기사의 눈이 격자문 한 칸 한 칸에 나타나 방 안을 들여다본다.

수많은 눈동자!

공포의 눈으로 방 안을 훔쳐보다!

집 요괴 랭킹 3위

이형 타입

능력치
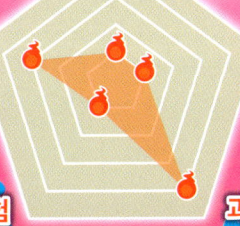
- 파워 1
- 요력 1
- 괴기 4
- 위험 1
- 인기 3

특 징
쓰러져 가는 집 격자문에 나타나는 눈이 많은 요괴이다. 바둑을 두는 사람의 영혼이 요괴가 되었는데, 바둑에 대한 간절한 마음 때문에 생겨났다고 한다.

출현 지역 알려지지 않음

4위 쇼케라

집 요괴

집

사람을 지켜보는 요괴!

지붕에서 사람을 섬뜩하게 지켜보다!

집 요괴 랭킹 4위

이형 타입

갈고리 손톱
규칙을 어기면 무시무시한 갈고리 손톱을 가진 쇼케라에게 벌을 받는다고 한다.

능력치
- 파워 1
- 요력 3
- 괴기 3
- 위험 1
- 인기 2

특징
'경신수야'는 옛날부터 내려오는 일본 고유의 행사이다. 이날 밤 사람들이 잠을 자지 않고, 실제로 밤을 새우는지 지붕에 뚫린 창을 통해 감시한다.

출현 지역 알려지지 않음

5위 엔엔라

집 요괴

능력은 수수께끼

연기와 함께 나타나는 기괴한 얼굴의 요괴이다. 엔엔라의 능력이나 목적은 밝혀지지 않았다.

희귀한 연기 요괴!

얼굴이 튀어나오다! 연기 속에서 기괴한

집 요괴 랭킹 5위

이형 타입

능력치
- 파워 1
- 요력 2
- 괴기 3
- 위험 1
- 인기 2

특　징

모기를 죽이기 위해 피운 연기에서 기분 나쁜 얼굴이 튀어나오는데, 바로 요괴 엔엔라이다. 바람이 불면 천이 휘날리듯 펄럭펄럭 움직인다.

출현 지역 알려지지 않음

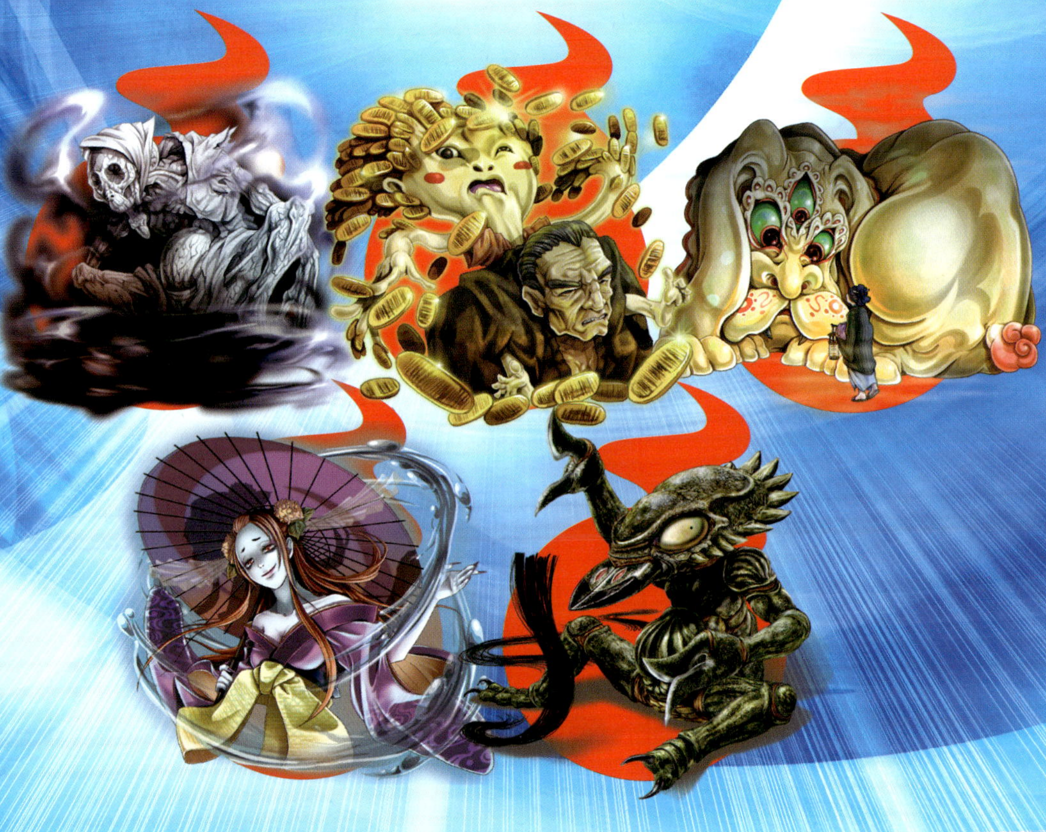

1위 히다루가미

말썽쟁이 요괴

산

야위고 깡마른 몸!

목숨을 빼앗다! 굶주림에 빠뜨려

말썽쟁이 요괴 랭킹 1위

살아남는 방법
이 요괴와 마주쳤을 때 음식을 바치거나 재빨리 무언가를 먹으면 살아남을 수 있다.

인간 타입

능력치
- 파워 1
- 요력 3
- 괴기 3
- 위험 4
- 인기 3

특 징
굶어 죽은 사람의 망령이다. 히다루가미가 들러붙은 사람은 꼼짝도 못 할 만큼 배가 고파서 결국 죽게 된다고 한다.

출현 지역 긴키·시코쿠·규슈

153

2위 오바리욘

말썽쟁이 요괴

산

머리를 갉아먹는 공포의 어부바 요괴!

황금으로 변신
업힌 다음에는 점점 몸이 무거워진다. 집에 도착하면 황금으로 변한다고 전해진다.

말썽쟁이 요괴 랭킹 2위

갑자기 등에 올라타다!

능력치
- 파워 2
- 요력 1
- 괴기 3
- 위험 2
- 인기 3

이형 타입

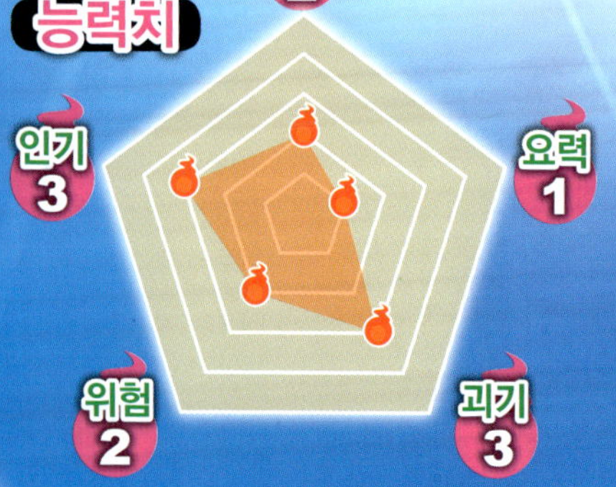

특 징
'오바리욘(업어 주세요.)'이라고 말하며 산길을 지나는 사람의 등에 갑자기 올라탄다. 업힌 다음에는 업어 준 사람의 머리를 갉아먹기도 한다.

출현 지역 도호쿠·주부·주고쿠

3위 누리카베

말썽쟁이 요괴

마을

보이지 않는 몸
보이지 않는 투명한 벽의 모습일 수도 있고, 개와 비슷한 모습일 수도 있다.

거대한 벽!

길을 가로막는 보이지 않는 벽!

말썽쟁이 요괴 랭킹 3위

이형 타입

능력치
- 파워 3
- 요력 1
- 괴기 3
- 위험 2
- 인기 4

특징
투명한 벽이 되어 길 가는 사람을 가로막는 요괴이다. 길을 가다가 갑자기 투명한 벽이 길을 막으면 막대기로 벽 아래쪽을 두드려서 쫓아 버리면 된다.

출현 지역 고치·후쿠오카·나가사키

4위 아메온나

말썽쟁이 요괴

마을

비를 내리는 힘을 가진 미녀 요괴!

비를 부르는 요괴
비를 부르는 귀찮은 요괴로 알려졌지만, 가뭄이 들 때도 비를 내리게 도움을 준다.

말썽쟁이 요괴 랭킹 4위

아름다운 여자의 모습!

인간 타입

능력치
- 파워 1
- 요력 4
- 괴기 2
- 위험 2
- 인기 3

특 징
비를 내리게 하는 힘을 지닌 요괴이다. 일본에서는 무언가 하려고 하면 항상 비가 내리는 여자를 '아메온나'라고 부르기도 한다.

출현 지역 알려지지 않음

5위 머리카락 자르기

말썽쟁이 요괴

마을

커다란 눈에 뾰족한 부리!

양손이 가위
가위 모양의 양손으로 머리카락을 자른다. 소리가 들리지 않을 만큼 가윗날이 날카롭다.

아무도 모르게 머리카락을 싹둑싹둑!

말썽쟁이 요괴 랭킹 5위

동물 타입

능력치
- 파워 1
- 요력 3
- 괴기 5
- 위험 3
- 인기 3

특징
아무도 알아차리지 못하도록 재빠르게 머리카락을 자른다. 옛날 상투를 틀던 시절에는 상투를 잘랐다. 주로 여자들의 머리카락을 자른다고 한다.

출현 지역 간토·주부

잔소리를 늘어놓는 요괴!
잔소리꾼 요괴 랭킹

나쁜 짓을 하거나 게으름을 피우면
나타나 잔소리를 하는 요괴들의
재밌는 대결!

1위 이와나보우즈

잔소리꾼 요괴

물

정체는 곤들매기!

승려로 변신
거대한 곤들매기가 승려로 변신한 요괴이다. 이 요괴 덕분에 독을 이용한 낚시가 사라졌다.

나쁜 짓을 한 사람에게 독을 뿜다!

인간 타입

잔소리꾼 요괴 랭킹 1위

능력치
- 파워 1
- 인기 2
- 요력 2
- 위험 2
- 괴기 3

특 징
승려로 변신해, 강에 독을 풀어 낚시하는 사람들을 말렸다. 하지만 말을 듣지 않자 곤들매기의 모습으로 다시 나타나, 그 낚시꾼들에게 독을 뿜어 죽게 하였다.

출현 지역: 도호쿠·간토·주부

2위 나마하게

잔소리꾼 요괴 / 마을

벌을 주는 요괴

섣달 마지막 날 밤 "우는 아이 나와라!", "게으름뱅이 나와라!" 하며 집집을 돌아다닌다.

무시무시한 얼굴로 벌을 주다!

잔소리꾼 요괴 랭킹 2위

식칼과 손도끼가 무기!

인간 타입

능력치

- 파워 2
- 요력 2
- 괴기 2
- 위험 1
- 인기 5

특징

아키타 지역에 전해지는 요괴이다. 섣달 마지막 날 밤에 나타나 집집마다 돌아다니며 우는 아이와 게으른 사람을 찾아 혼내 준다고 한다.

출현 지역 아키타

3위 도로타보

잔소리꾼 요괴

마을

원한의 소리
밤이 되면 논에 나타나 "논을 돌려줘! 논을 돌려줘!" 하며 원망하듯 외친다.

얼굴에는 커다란 눈이 1개!

매일 밤 울려 퍼지는 원한의 소리!

잔소리꾼 요괴 랭킹 3위

인간 타입

능력치

- 파워 1
- 요력 2
- 괴기 3
- 위험 2
- 인기 3

특 징
한 노인이 자신이 일군 논을 자식에게 주었는데, 자식이 팔아 버리자 그것을 원망하여 요괴가 되었다. 매일 밤, 논 한가운데에서 원한의 소리를 외친다.

출현 지역 도호쿠

4위 아쿠보즈
잔소리꾼 요괴

재로 이루어진 몸!

장난을 치면 나타나는 신기한 요괴!

잔소리꾼 요괴 랭킹 4위

집

요괴의 경고
화로 속 재를 가지고 장난을 치면 나타난다. 위험한 불장난은 하지 말라는 경고라고 한다.

인간 타입

능력치

- 파워 2
- 요력 2
- 괴기 3
- 위험 3
- 인기 2

특징
화로 속 재에 사는 요괴로, 재를 가지고 장난을 치면 나타난다. 부처에게 바치는 음식을 훔쳐 먹거나, 알몸으로 화장실에 들어가도 나타난다고 한다.

출현 지역 이와테·아키타

5위 때 핥기

잔소리꾼 요괴

집

어린 오니 또는 사람!

한밤중 욕조를 핥아 때를 닦다!

잔소리꾼 요괴 랭킹 5위

목욕탕에 나타나는 요괴

목욕탕에 나타나기 때문에 알몸은 기본이다. 붉은색의 어린 오니 또는 사람의 모습이라고 한다.

인간 타입

능력치
- 파워 1
- 요력 1
- 괴기 2
- 위험 1
- 인기 3

특 징

사람이 잠든 깊은 밤에 나타나 긴 혀로 목욕탕의 때를 핥는 요괴이다. '욕조를 청소하지 않으면 때 핥기가 나타난다.'라는 것을 알려 주는 요괴이다.

출현 지역 알려지지 않음

성질이 사나운 폭군 요괴!

사나운 요괴 랭킹

기분이 나쁘거나 화가 나면 누구도 막을 수 없다. 성질이 사나운 폭군 요괴들을 만나 보자!

1위 이치모쿠렌

사나운 요괴

산

외눈박이 얼굴!

폭풍과 용오름을 부르는 사나운 요괴!

사나운 요괴 랭킹 1위

신기한 요력
이치모쿠렌이 나타나면 돌풍이 불고, 천둥이 치는 등 순식간에 날씨가 급변한다.

이형 타입

능력치
- 파워 4
- 요력 5
- 괴기 3
- 위험 2
- 인기 4

특 징
미에 지역에 있는 신사, 다도타이샤에서 모시는 요괴로 몸은 용의 모습을 하고 있다. 폭풍과 큰 비, 용오름을 부르는데 조금 뒤에 맑게 갠다고 한다.

출현 지역 미에

2위 잇폰다타라

사나운 요괴 | 산

12월 20일
12월 20일은 '마지막 20일'이라고 하여 요괴, 잇폰다타라가 나타나는 날이다.

사나운 요괴 랭킹 2위

외눈, 외다리의 섬뜩한 요괴!

섬뜩한 외모를 가진 요괴!

이형 타입

능력치
- 파워 2
- 요력 2
- 괴기 4
- 위험 2
- 인기 3

특 징
산속에 사는 외눈, 외다리의 요괴이다. 섬뜩하지만 해를 끼치지는 않는다고 전해진다. 포악한 멧돼지 요괴 '이노사사오우'라는 설도 있다.

출현 지역 나라·와카야마

4위 가난의 신

사나운 요괴

집

환대의 보답
친절하게 환대를 해 주었더니, 그 보답으로 부자로 만들어 주었다는 이야기가 전해진다.

들러붙은 집에 가난을 부르다!

사나운 요괴 랭킹 4위

허름한 옷과 지독한 냄새!

인간 타입

능력치
- 파워 1
- 요력 4
- 괴기 2
- 위험 1
- 인기 5

특 징
누더기 옷을 입은 노인의 모습이다. 집에 들러붙게 되면 그 집에 가난이 찾아온다고 한다. 섣달 마지막 날에 화로에 불을 피우면 쫓아낼 수 있다.

출현 지역: 도호쿠·간토·주부·긴키

5위 스이코

사나운 요괴 / 물

몸은 비늘투성이!

일본의 갓파 우두머리로! 중국의 물가 요괴가

갓파의 우두머리
일본에서는 외모도 갓파에 가깝다. '갓파의 우두머리' 또는 '물의 신'이라고 불린다.

사나운 요괴 랭킹 5위

인간 타입

능력치
- 파워 5
- 요력 4
- 괴기 3
- 위험 3
- 인기 1

특 징
'갓파의 우두머리'라고 불리는 중국 출신의 요괴이다. 사람의 생명을 빼앗는 폭군이라고 알려졌지만, 물 사고를 방지하는 신으로 섬기는 지역도 있다.

출현 지역 아오모리·긴키·규슈

1위 입 찢어진 여자

공포 요괴

마을

마스크로 정체를 숨기다!

위험한 정체! 마스크 미인의

공포 요괴 랭킹 1위

퇴치 방법
'포마드'라는 머릿기름을 손에 바르고 손을 흔들며 "포마드, 포마드."라고 외치면 도망간다.

특 징
마스크를 한 미녀로 보이지만, 입이 귀까지 찢어져 있는 섬뜩한 요괴이다. 얼굴을 본 사람의 대답에 따라 상대를 죽이기도 한다.

능력치
- 파워 4
- 인기 4
- 요력 1
- 위험 4
- 괴기 2

출현 지역 전국 각지

171

2위 카이나데

공포 요괴 / 집

변기에서 길게 뻗어 나온 공포의 손!

다짜고짜 엉덩이를 쓰다듬다!

공포 요괴 랭킹 2위

갑자기 뻗는 손
화장실에 들어가면 보이지 않는 곳에서 갑자기 손을 뻗기 때문에 도망칠 수 없다.

이형 타입

능력치
- 파워 1
- 요력 1
- 괴기 2
- 위험 1
- 인기 2

특 징
입춘 전날 밤, 화장실에 들어가면 무작정 엉덩이를 쓰다듬는 요괴이다. 카이나데가 나타나면 "빨간 종이 줄까, 하얀 종이 줄까?"라고 말하고 나가면 된다.

출현 지역 미야기·교토

3위 오오도쿠로

공포 요괴 | 마을

거대한 골격!
거대한 해골이 되다! 죽은 자들의 원한이

공포 요괴 랭킹 3위

엄청난 괴력
사람을 발견하면 순식간에 덮쳐 손으로 꽉 쥐어 으스러뜨린 후, 잡아먹는다.

인간 타입

능력치
- 파워 5
- 요력 2
- 괴기 2
- 위험 5
- 인기 3

특 징
전쟁이나 길에서 쓰러져 죽은 불행한 사람들의 원한이 거대한 해골이 되었다. 사람을 발견하면 순식간에 덮쳐 잡아먹는다.

출현 지역 알려지지 않음

173

4위 사가리

공포 요괴 · 산

나무에 매달린 공포의 말 머리!

길에서 죽은 말의 혼령!

공포 요괴 랭킹 4위

이형 타입

섬뜩한 울음소리
기분 나쁜 외모에 소름 끼치는 울음소리로 사람들에게 겁을 주거나 깜짝 놀라게 한다.

특 징
나무에 매달려 축 늘어져 있는 말 머리 요괴이다. 사가리를 본 사람은 질병에 걸리기도 하고, 떨어진 사가리에 부딪쳐 죽기도 한다.

출현 지역 오카야마·구마모토

능력치
- 파워 1
- 요력 1
- 괴기 3
- 위험 4
- 인기 3

5위 토모카즈키

공포 요괴 | 물

> 만난 사람과 똑같은 모습!

바닷속으로 끌고 가다! 방긋 웃으며 사람을

공포 요괴 랭킹 5위

살아남는 방법
선물을 받은 사람을 바닷속으로 끌고 간다. 하지만 등을 돌리고 받으면 괜찮다고 한다.

인간 타입

능력치
- 파워 1
- 요력 2
- 괴기 3
- 위험 3
- 인기 2

특 징
흐린 날에 해녀가 바다에 잠수하면 나타난다는 요괴이다. 만난 사람과 같은 모습으로 변해 전복을 주는데, 이것을 받으면 바닷속으로 끌고 들어간다.

출현 지역: 시즈오카·미에

오싹오싹 요괴 상식

요괴 용어 사전 2

요괴는 아주 먼 옛날부터 존재했기 때문에 요괴 용어 중에는 평소 잘 사용하지 않는 단어가 많다. 어떤 용어들이 있을까?

 모노노케

일본의 고전이나 민간 신앙에서 사람을 괴롭히거나 병에 걸리게 해서 죽음에 이르게 한다는 무서운 악령(나쁜 영혼)을 가리키는 말이다.

 민속학

일본에서 19세기 말부터 시작된 새로운 학문이다. 전설을 바탕으로 옛날 사람들의 생활 습관이나 문화에 대해 연구한다.

 백귀야행

깊은 밤, 요괴들이 마을에 집단으로 나타나 돌아다닌다는 일본의 전설이다. 이날 밤, 요괴들과 마주치는 사람은 목숨을 잃기 때문에 사람들은 외출을 자제한다고 한다.

 부상신

나이 많은 동물 혹은 오랜 세월 동안 사용한 사물에 신이나 정령이 깃들어 신과 같은 존재가 된 것을 말한다. 이런 동물이나 사물을 소중히 대하면 복이 들어오지만, 함부로 대하면 큰 벌을 받게 된다.

 빙의

사람의 몸에 다른 영혼이 들러붙는 현상을 말한다. 다른 혼이 들어온 사람은 자신의 의지대로 움직이지 못하고, 마치 다른 사람처럼 변하는 경우가 많다.

 야마부시

산에 들어가 수행을 하며 자연이 지닌 신비로운 힘을 익히는 사람들을 말한다.

 햐쿠모노가타리

'100가지의 괴담'이라는 의미가 담겨 있다. 사람들이 모여 한 명씩 돌아가면서 무서운 이야기를 할 때, 100번째 사람이 이야기를 마치면 반드시 죽거나 사라지는 등의 불길한 일이 일어난다고 한다. 이런 이유로 일본의 무서운 이야기를 모은 책에는 100가지를 싣는 경우가 많다.

제 3 장
신기한 요고 세상

요괴 박사인, 코마츠 카즈히코 선생님과 이이쿠라 요시유키 선생님이 요괴에 관한 궁금증을 시원하게 해결해 준다. 신기한 요괴 세상으로 떠나 보자.

재밌는 요괴  Q&A

요괴에 관한 모든 궁금증 해결!

요괴 박사님, 가르쳐 주세요!

요괴 세계 최고의 선생님이래!

코마츠 카즈히코 선생님
코마츠 카즈히코 선생님은 오랜 옛날부터 일본에서 전해져 내려오는 요괴의 그림이나 전설을 연구하는 분이에요.

이이쿠라 요시유키 선생님
이이쿠라 요시유키 선생님은 입으로 전해지는 이야기나 전설, 요괴 소문 등에 대하여 깊은 지식을 가진 연구자예요.

요괴는 어디에 있나요?
사람과 마주치는 경우는 거의 없다고 하던데, 평소 어디에 있는 걸까요?

코마츠 선생님

지붕 위나 그늘에 있어요!
선생님도 아직 요괴를 본 적은 없지만, 요괴는 사람의 눈이 닿지 않는 지붕 위나 어두침침한 그늘에 숨어 있을 거예요.

이이쿠라 선생님

다리나 교실에 있어요!
요괴는 보통 해가 질 때나 새벽이 오기 전에 만날 수 있어요. 세계가 만나는 다리나 평소 사용하지 않는 교실에 있을 가능성이 높아요.

요괴를 알아볼 수 있을까요?
요괴가 어디 사는지 알았지만,
요괴를 만나면 알아볼 수 있을까요?

코마츠 선생님

눈에 띄는 점을 찾아요!
사람으로 변신했어도 꼬리가 남아 있는 경우가 있어요.
이처럼 특별히 눈에 띄는 점을 찾아봐요.
요괴가 정체를 드러낼지도 몰라요.

이이쿠라 선생님

허벅다리 사이로 들여다봐요!
앞으로 몸을 구부려 허벅다리 사이로 뒤를 보거나
좁은 틈으로 들여다보면 정체를 알아볼 수 있어요.
찢어진 창호지 문 구멍 사이로 보이기도 해요.

요괴와 말이 통할까요?
어렵게 만났는데, 말이 통하지 않으면 답답할 것 같아요.
요괴는 사람 말을 할 수 있나요?

코마츠 선생님

입이 없는 요괴도 있어요!
요괴 중에는 사람 말을 할 수 있는 요괴가 있어요.
다만 입이 없는 요괴는 말을 하지 못하고,
조류형 요괴는 새의 말을 하기 때문에 대화가 어려워요.

이이쿠라 선생님

사람의 말을 모방해요!
사람 말을 할 수 있는 요괴도 있어요. 하지만
사람을 모방만 할 뿐 말을 이해하지 못하는 경우가 많아서
꼭 말이 통한다고 확신할 수는 없어요.

재밌는 요괴 Q&A

수명은 어느 정도인가요?
요괴는 엄청 오래 살 것 같은데, 사람보다 수명이 긴가요?

코마츠 선생님

몇 백 년을 살아요!
보통 죽어야 할 시기에 사물이나 동물로 변한 요괴는 몇 백 년이나 살아요. 정확한 나이를 알 수 없을 정도로 오래 살지요.

이이쿠라 선생님

요괴는 죽지 않아요!
수명이 다해 죽었다는 이야기는 나무의 정령 외에는 별로 전해지지 않아요. 모습이 사라진 건 다른 세계로 갔을 가능성이 높아요.

춤이나 음악을 좋아하나요?
요괴는 일을 하지 않고, 항상 놀기만 하는 것 같아요. 그럼 춤이나 음악도 좋아할까요?

코마츠 선생님

오니는 파티도 열어요!
요괴 세계에는 학교가 없기 때문에 요괴는 노래하거나 춤을 추며 놀아요. 특히 오니는 파티를 열었을지도 몰라요.

이이쿠라 선생님

원한이 강한 요괴도 춤을 좋아해요!
꽤 좋아할 거예요. 원한이 강한 요괴라도 사람에게 복수하기 전에 먼저 춤을 출 정도니까요. 요괴끼리의 파티는 무척 즐겁겠지요?

요괴는 언제 자나요?
요괴는 밤이나 어두운 시간에 활동하는 것 같아요. 그럼 대체 언제 잠을 자는 걸까요?

코마츠 선생님

낮에 잠을 자요!
요괴의 활동 시간은 밤이기 때문에 낮에 잤을 거예요. 아마도 밤에 놀다 지쳐 낮 동안에는 푹 자거나 쉬면서 밤을 기다리겠죠?

이이쿠라 선생님

여우나 너구리가 자다 들키기도 해요!
여우나 너구리가 잠을 자다가 사람에게 정체를 들켜 변신했다는 이야기도 있어요. 술을 마시고 자는 경우도 있지만, 주로 낮에 잤을 거예요.

이상한 사건은 요괴의 장난인가요?
가끔씩 믿을 수 없는 이상한 일들이 생기는데, 혹시 요괴의 장난으로 일어나는 걸까요?

코마츠 선생님

요괴의 짓일지도 몰라요!
옛날 사람들은 이상한 사건이 발생하면 요괴의 짓이라고 생각했대요. 그래서 요괴의 그림을 다양하게 그렸지요. 하지만 정말 요괴의 짓일지도 몰라요.

이이쿠라 선생님

대부분은 요괴 때문이 아니에요!
대부분의 실수 혹은 불행한 일은 요괴 때문이 아니에요. 하지만 스스로 해결하려고 해도 도저히 해결이 안 된다면 그것은 어쩌면 요괴의 짓일지도 몰라요.

재밌는 요괴 Q & A

재밌는 요괴 Q&A

선생님은 요괴를 좋아하세요?
요괴와 관련된 일을 하고 있는 선생님들은 요괴를 좋아하세요? 맞다면 어떻게 좋아하게 되었나요?

조금은 무서워요!
사실 요괴는 무서워요. 하지만 게임이나 만화 세계에서는 내가 할 수 없는 일을 해 주지요.
내 자신의 분신으로 느껴져 응원하고 싶어져요.

코마츠 선생님

매력이 있어요!
요괴는 누구도 본 적은 없지만 상상만으로 그림을 그리고, 열정을 다해 표현할 수 있어서 상당히 매력이 있어요.

이이쿠라 선생님

요괴 박사가 될 수 있을까요?
저도 선생님들처럼 똑똑한 요괴 박사가 되고 싶어요. 어떻게 노력하면 좋을까요?

요괴는 미스터리한 존재예요!
뿔이 달린 오니부터, 눈이 1개뿐인 외눈 동자 요괴까지 다양한 요괴들을 알기 위한 첫걸음은 '책 읽기'예요!
요괴는 아주 오랜 옛날부터 사람과 가깝게 있었기 때문에 수많은 책에 등장하거든요. 그런 책을 읽으면 요괴에 대한 많은 정보를 배울 수 있어요.
또한 요괴는 그림으로도 그려졌기 때문에 그림을 통해서도 요괴가 어떤 모습인지 알 수 있답니다.

코마츠 선생님

요괴 색인

이 책에 등장하는 요괴들의 이름을 ㄱ·ㄴ·ㄷ 순서대로 정리했다.
해당 페이지를 찾아가면 요괴의 특징이나 모습을 확인할 수 있다.

ㄱ

가난의 신 168
갓파 91
게우케겐 90
견신 40
고로폿쿠르 87
고마이누 39
고토쿠네코 34
구미호 45
귀녀 63
금붕어 유령 71
기린 129
긴 얼굴 요녀 24
까까머리 거인 20

ㄴ

나리가마 144
나마하게 160
네코마타 36
놋베라보우 105
뇌수 132
누라리횬 111
누리카베 155
누에 123

눗페후호후 93

ㄷ

다다미 동자 75
다이다라봇치 15
대왕 지네 18
도깨비불 49
도도메키 94
도로타보 161
두부 동자 79
땅거미 23
때 핥기 163

ㄹ

로쿠로쿠비 84

ㅁ

머리카락 자르기 157
모래 뿌리는 할멈 112
모쿠모쿠렌 149
목령 88
무당거미 83
미코시뉴도 22

ㅂ

바케네코 33

바케조리 107
바쿠 131
베개 돌려놓기 147
베토베토상 109, 142
부루부루 98

ㅅ

사가리 174
사라헤비 55
사키소마엡 53
사토리 101
산메야즈라 17
삼족오 130
설녀 81
센타쿠기츠네 47
쇼케라 150
슈노반 97
슈텐도지 58
스이코 169
시치닌미사키 70

ㅇ

아기 울음 할아범 113, 141
아마노자쿠 59
아메온나 156

요괴 색인

아부라즈마시 99
아오사기노히 133
아쿠보즈 162
야나리 137
야마비코 135
야마타노오로치 30, 51
야만바 114
야행씨 60
엔엔라 151
여우의 시집가기 48
오니 57
오바리욘 154
오보로구루마 121
오샤카베히메 66
오오네코 35
오오도쿠로 173
오쿠리이누 41
오토로시 102
와뉴도 120
외눈 동자 78
외바퀴 수레 119
요괴 너구리 89
용신 28
우귀 125
우미보우즈 19
우부메 73
우산 요괴 106
웃는 여자 140

유령선 69
이구녀 85
이나리기츠네 46
이무기 54
이바라키도지 61
이소온나 127
이와나보우즈 159
이치모쿠렌 165
이쿠치 27
인면견 42, 108
인어 124
입 찢어진 여자 171
잇탄모멘 29
잇폰다타라 166

정강이 스침이 43

천장 핥기 148
츠치노코 117

카리테이모 64
카와히메 82
카이나데 172
코다마네즈미 143
코사메보우 96
쿠단 126
키요히메 52

키지무나 77

탄탄코로링 95
테나가아시나가 16
텐구 167
텟소 100
토모카즈키 175

파도 동자 139
팥 씻기 138

하시히메 65
한자키 21
할머니 불 72, 115
해골 여인 67
화장실의 하나코 76
화차 37, 118
후루소마 136
히다루가미 153
힛코미카무로 31